シリーズ
わたしの体験記

高齢社会をよくする女性の会・理事長
樋口恵子［編］

# 介護 老いと向き合って

## 大切な人のいのちに寄り添う26編

ミネルヴァ書房

# ごあいさつ

近年、わが国においては超高齢化社会を迎え、介護のあり方があらためて問われる状況に直面しています。

厚生労働省（二〇一〇年）によると日常生活に制限のある「不健康な期間」の平均は男性で九・一三年、女性が一二・六八年であるといわれています。今後ますます介護を要する世代が増えることで、介護のニーズは一層高まることが予想されます。一方で、施設不足や在宅介護での人材不足の問題、老老介護や介護のために離職せざるをえない若者の増加など、介護の多様化とともにさまざまな問題が浮き彫りになっています。そのような中、実際に介護をされているご家族や施設職員の方などの現状を知ることや、介護を通じて感じられる赤裸々な「思い」をお聞きすることは、現代の介護を取り巻く環境の理解と支援にもつながっていくものと考えられます。

そこで、この度は介護にかかわる方々に、実際に体験されてこられたからこそ紡ぎ出せる「生の声」をお寄せいただくことで、全国で介護に携わるご家族や職員の方々へのエールとなることを願い、『シリーズ・わたしの体験記』第二弾として、二〇一四年十二月に

「介護体験記」を公募いたしました。

その結果、全国から日々の介護における葛藤《かっとう》や苦悩、喜び、そして新たな気づきなど、じつに率直な想いに溢れた四四四通にも及ぶ作品が寄せられました。そこには何ものにも変えがたい貴い物語があり、読み手の心を揺さぶるものがありました。この紙面をお借りして、貴重な体験をお寄せいただいたすべての方に厚く御礼申し上げます。

今回は、その作品の中から選考委員長の樋口恵子先生をはじめとした計六名による選考を経て決定しました最優秀、優秀、佳作の二六編を本書に掲載いたしました。体験記からは、介護の多様化の実際を知る機会をいただき、またそれぞれの置かれた状況の中でさまざまな選択をしながら、日々介護という営みに向き合い、「人」と「人」としてまっすぐかかわっていかれる姿に大きな勇気や知恵をいただくものであると感じております。本書が、介護にかかわるすべての方にとって「エール」となりましたら幸いです。

最後にこの度選考委員を務めていただいた先生方、掲載を承諾していただいた二六名の方々、そして今回の書籍化にお力添えをいただきました皆様に心より御礼申し上げます。

二〇一五年七月

ミネルヴァ書房介護体験記事務局

# 介護　老いと向き合って――大切な人のいのちに寄り添う26編　目次

ごあいさつ　3

最優秀賞
実母の介護……小澤里美　3
選評……10

優秀賞
母からのプレゼント……飯森美代子　15
選評……22
南天の花……酒井えり子　24
選評……32
男性ヘルパー……宮野　聡　34
選評……42

## 佳作


孤独ではない介護……五十嵐陽子 47
〝認知症〟一〇年間で学んだこと……上原百合子 53
母から学んだこと……遠藤ノリ子 60
四人の老親の自宅介護……遠藤美子 66
神さまの贈りもの……岡本すみれ 73
介護生活を支えたモノたち……かぶらぎみなこ 79
シェア……川原あみな 85
母と暮らして……剣持鈴代 93
優しい気持ちで朝を迎えよう……サトウアツコ 100
カナリア日記……白石範子 108
介護は義母からの贈りもの……杉山隆幸 115
親父、ボケてくれて、ありがとう……鈴木禎博 123
楽しい介護……たぐちまもる 129

介娯入門……中西マキ 136
己を知るということ……萬匠範子 142
認知症介護体験記……日置佳子 148
箱入りパパ……藤沢麻里子 154
父の記憶の中に……MIHO 161
初めの一歩……望月美才子 168
妻の灯火……山賀 淳 176
認知症の母と暮らした一〇年間～一言語聴覚士の記録から～……綿森淑子 184
介護の普通を考える……S・Y 192

総 評──それぞれの体験記を読んで

一億総介護者時代の中で……樋口恵子 199
介護の渦中にいる方へ支えと励まし……沖藤典子 202
介護から得られる喜びや多くの学び……袖井孝子 205
介護保険が私たちの介護を大きく変えた……望月幸代 208

読み終えての雑感……渡邉芳樹 211
介護体験記を審査させていただいて……結城康博 214


## 資料編

介護のためのフローチャート……2
用語解説……4
介護保険担当課窓口一覧……6
社会福祉協議会一覧……11


※介護体験記の執筆者名はペンネーム、仮名を含みます。

編集協力　㈱ミズ総合企画

【介護体験記表彰式】2015 年 7 月 4 日
於：日比谷コンベンションホール
前列左から：飯森美代子、小澤里美、酒井えり子、宮野聡
後列左から：望月幸代、杉田啓三、渡邉芳樹、樋口恵子、
沖藤典子、袖井孝子、結城康博（敬称略）

# 最優秀賞

# 実母の介護

小澤里美

私の父母は、私たちの住む岐阜市から五八キロはなれた岐阜県郡上八幡に二人で住んでいて、私が週一、二回食料を運んだり掃除に行っていました。

九十四歳の父が一夜患で他界した後、母はしばらく一人住まいをしていましたが、九十歳を超えた頃から岐阜で同居することにしました。

日頃は近所を散歩して道端の鉢花の美しさに感激したり行き会う人とのおしゃべりを楽しんだり、時には大好物の「味醂《みりん》粕を買ってきたよ」とニコニコして帰ってきたり、結構充実した日々のようで一度も「八幡へ帰りたい」と言いません。それでも白寿のお祝いに近親者をお招きしたいと八幡へ行った時は大喜びでよく食べおしゃべりをして皆さんを驚かせたものでした。

二階の南の部屋を居室にして、食事、お風呂は一階なので、私が付き添いをして階段を昇り降りしていました。ある日突然手摺を持って降りながら「怖い」と言って立ち竦《すく》みました。力つきたみたいに。

早速、階下の和室を母と私の寝室にするため、娘と孫の力を得てベニヤ板等を買い求め和室の周りの廊下やリビングとの段差をバリアフリーにしました。

大工事でしたが達成感という素晴らしいものを得ました。トイレの手摺もすぐに必要となったので、女手一つで一夜かけて取り付けました。壁が硬くて苦労しました。

母はその頃から徐々に足腰の筋肉が衰え始め自力で長く立つことが難しくなりました。ケアマネジャーの存在を初めて知り、相談して歩行器を使うことになりました。

百一歳の秋になった頃、私との入浴が困難になりました。思案の末、訪問介護のお世話になることに決めました。

有難いことに週三日、看護師さんと補助の方に健康管理と入浴に来て頂けることになりました。

初日に看護師さんが自己紹介で、「私今井です。上から読んでも下から読んでも《い・ま・い》です」と明るい声でおっしゃいました。

普段あまり声を出さない母も声をあげ、みんなで大爆笑しました。これでしっかりお名前を覚えることができ、親しみが生まれ信頼感が増して、気持ちが少し楽になりました。

今井さんが来られた時「おはようございます」と言う大きな明るい声に母はいつもにこっと微笑みで答えます。

「今来る時にね。菜の花が盛りだったよ。私ね、おばぁちゃんに菜の花和え作って貰ったこと思い出したわ」とか、「今日はねぇ、秋晴れで気持ちいいよ。田んぼで稲刈りしていたよ。私もおばぁちゃんと稲刈りしたこと思い出したわ」と季節を交えた語りかけからスタートしますので、母の気持ちも和み、「さあ、お風呂入ろうか」の誘いにもスムーズに応じてくれました。入浴中も賑やかです。「いつも、おばぁちゃんと一緒に入ってこうして背中あらったよ」と母から父の思い出など聞き出して笑い声の二重奏を聞いて私もつられて笑いが止まりません。

お風呂から上がってから今井さんに「気持ちよかったね」と言われて母は「別嬪《べっぴん》さんになったし」と嬉しそうにし、「旦那さんに見せたいね、旦那さんってどんな人だった？」と言われると、「いい男だけど、よく遊んだ人」と言って思い出し笑いをする顔は幸せいっぱいでした。

言葉を忘れかけている母から言葉を引き出す巧みさに感心し、つられて母の得意のジョークも飛び出しました大笑い。この会話を隣室で聞いていた夫は感心して「今井さんのトークはじつにうまい」と褒めることしきりでした。

超高齢者三人の日常生活には笑いがほとんどなかったので今井さんの存在は有難い限りです。

威圧的でなく命令調でもなく馬鹿丁寧でもない。きちんと人格を弁えての言葉づかいには敬服しました。

高齢になって五体の動きが不自由になっても、もどかしい思いや自尊心はしっかり残っているようです。言葉づかい一つで惨めな思いに苛《さいな》まれるようでしたが。信頼が言葉によってこれほど深められるものかと痛感しました。

足腰の衰えが進んで家庭風呂での入浴が難しくなりデイサービスに行くようになりました。最高齢でもあり皆様の羨望の的となって満足も味わい、食事も美味しく何時も完食で喜んでいましたが、体調も考え、お泊まりのできるショートステイに変わることになりました。

家から何日か離れることに抵抗があるかと心配しましたが、「今日からホテルでお泊まりしてね」と言うと一回も「いや」と言いませんでした。母の本音は家にいたいはずなのに、私が困るので「いや」と言わないのだと思うと私は胸が痛くなりました。

実の母の介護は娘には戸惑いもある。衰えゆく母の現実と威厳や恩のある親への思いとのギャップにも戸惑いました。時には母娘の情をクールにするとかえって和やかになることを体験し、情を抑えて気持ちの切り替えが必要と痛感しました。

〈六〇点介護で良い〉と聞いて気持ちが軽くなり、「百歳になったことないからごめんね」で誤魔化すと、母も仕方なく苦笑いして二人の間は穏やかになりました。ストレス解消法でもあります。

そんな気持ちになった時、約二〇年前福祉の先進国デンマークで福祉や介護を学んだことを思い出しました。そこで学んだ一つに、日本では常識のような、子が親の介護をすることがデンマークでは社会全体で介護するという。日本とはかけ離れた現実を見て、驚いたことを思い出しました。

現在よくいわれる、《老老介護》は自分だけでは不可能です。

母の時代は嫁が三〇歳代、姑が六〇歳代でしたが、今は母が一〇〇歳代、私が八〇歳代です。体力がまったく違います。

娘として全力をそそぎながら無理なところを補って頂ければと思えるようになりました。

歩き始めた玄孫一歳、衰えゆく母百二歳。歩く姿や食事の仕種など不思議なほどよく似ているのです。

ちょうど一世紀の差です。二年三年と見比べていると、母の衰えは増し玄孫はスポンジが水を吸うように体力と知恵をつける、正反対の現象です。成長する者と去りゆく者の不思議な世界を目の当たりにした私は尊い体験ができたことに感謝しています。

しばらくして、母はある日突然、食が通らなくなり、ショートステイを経営する病院へ入院することとなりました。入院から一週間食欲が回復しないので鼻から栄養剤を入れることを勧められました。《自分だったら絶対お断りだ》と思いましたが、母の命にかかわることと思うと決断に時間がかかりました。母の日常を目の当たりしている私には、母はここまで生かさせていただけたことに十分満足している気持ちを承知していましたので、「食べられないということは体が要求していないということではないですか」と医師にお尋ねしたところ、「ではショートステイで、点滴をしながら様子を見ましょう」と言われ、ショートステイに移りました。

退院する時、院長先生から「素晴らしいご高齢のお方にご縁を頂き有難うございました。最後のお知らせは多分夜明けでしょうから、急いでお出でにならないように。すべてきちんとしておきますから」と介護者にまで温かいご配慮を頂き、私はデンマークで体験した福祉を思い出しました。

母は生前からこの日が来ることを見越して元気な間に死装束を用意しておりましたので、そのことを申しましたら「お預かりしましょう」と気軽くおっしゃって頂きました。

それから二週間、平成二十六年七月にショートステイで永遠の眠りにつきました。知らせを受けて病院へ出かけると、母はベッドの上に死装束をきちんと身に着けてもらっていました。至れりつくせりの病院の態度に心から感謝し言葉も出ないほどでした。

明治に生まれ大正、昭和と激動の世を生き抜いた母は強く、怖いほどの人でしたから、同居することに躊躇《ちゅうちょ》がありましたが、父が亡くなった後、家を守り、夫を支えていた重荷を降ろしたのか、人が変わったように優しくなりました。

同居して一五年間、命令しない、反対しない、不足いわない、小言いわない、怒らないと予想外の毎日でした。日に日に脳の働きが鈍くなっていく中でも《世話を掛けないように》の思いは最後まであったと思われます。そんな母に《相手への思いやり》の大切さを教えて頂きました。孫がお話をする時は、笑ったり、涙ぐんだりしていても私に対しては、唇を引き締めて威厳のある母の顔になるのです。

日本特有の家族制度のもと、複雑な人間関係に悩まされてきた母を八十年余見てきた私は母の介護を通して、日本の福祉を考える機会をたくさん得ました。実の母娘だからこその苦しみも体験しましたが、私にとってまたとない尊い経験と嬉しく思っております。

いろんな年代の方たちや、同じ体験をお持ちの方々とお話し合いができて、私の体験が少しでもお役にたてば、このうえない喜びと存じます。

選評　樋口恵子

私自身は八十三歳。要介護者であってもまったく不思議のない年齢です。それだけに、九十歳を超えてからの母上の老い方に衿を正す思いでした。毅然としていながら明るく大いに笑い、不平を言わず、清やかで晴れやかな一種の諦念と感謝をもとに日々を生きる。明治生まれの気骨でしょうか。血縁五代の祖となり、玄孫と交わすまなざし、まさに命の循環の絵巻を見る思いでした。

ヘルパーさん、医師、ご夫君や家族、すべて認め合う良循環の人間環境が全編で光っています。運が良いだけでなく、キーパースンである筆者の力量であると思います。

選評　沖藤典子

真心と明るさに包まれた、介護が描かれています。「上から読んでも、下から読んでもイマイさん」の看護師さんのユーモアが介護を明るくしてくれましたね。

同居して一五年、最晩年の生活をともにし、百五歳で昨年亡くなりました。その時介護者八十四歳、老老介護の典型ですが、穏やかで静かな在宅介護の生活描写は、多くの読者に勇気を与えてくれました。「命令しない、反対しない、不足をいわない、怒らない」に徹した実母様。百歳を超えた人の心身状態を教えられるとともに、「介護され上手」だったと教えられました。介護する人とされる人、支える専門職などとの優しいハーモニー、美しいカルテットを聴くようでした。

選評　袖井孝子

八〇歳代の娘が一〇〇歳代の母親を介護するという、長寿時代ならではの介護の実態に驚かされます。ご自身も高齢者である小澤里美さんが在宅介護を続けられたのは、住宅を改修し、デイサービスやショートステイを利用し、医師・看護師・介護職などの助けがあったことに加えて、お母様が介護され上手であったことが大きいでしょう。母親としての威厳を保ちつつ、介護されるという状況を受け入れ、死装束を準備して最期の時を迎えるという潔さ。超高齢社会の介護はかくあるべし、と教えられました。

選評　望月幸代

百五歳で他界した実母を八十五歳の娘が看取ります。百歳以上の高齢者が六万人弱という日本における、まさに、超高齢社会での驚くべき老老介護風景です。

一世紀の差があるにもかかわらず、玄孫一歳、母百二歳の歩く姿や食事の仕種が不思議なほどよく似ているというくだりは驚異的、輪廻さえ感じます。外部の手を借りながらの一五年にわたる介護体験を筆者はユーモアも交えながら述べ、私たちに教えてくれます。

選評　渡邉芳樹

百五歳で他界した実母の一五年にわたる娘による介護の体験記です。本人の言葉を引き出す会話術と笑いの効用を教えてくれた訪問介護職たちとの良き出会い、激動の時代を生き、娘には怖いほどであった実母の変化の描写もよい。かつてデンマークの公的介護にふれたこともある。筆者は医師に「食べられないということは体が要求していないということではないですか」と言い、鼻腔経管栄養を控えて点滴を受け、実母は永遠の眠りを迎えます。日本の介護の現状と豊かな人間関係をよく表現しています。

# 優秀賞

# 母からのプレゼント

飯森美代子

平成二十六年八月十三日、午前七時二十五分、母は住み慣れたわが家で死んだ。九十三歳だった。呼吸が止まる間際に、くしゃみを五回も連発し、私の顔にたっぷりの唾を浴びせた。ひょうきん者の母らしい愛嬌のある最期だった。この瞬間に、一七年に及んだ私のシングル介護も終わったのだ。

介護は平成九年に始まった。〈健康優良婆〉の母が、突然脳梗塞《こうそく》に倒れ、左半身まひになったのだ。入院中検査をしてみると、高血圧、糖尿病、肝硬変とさまざまな病気を抱えていることがわかった。無理もないのだ。これまで紆余曲折の人生を歩み、自分の体を顧みる余裕などなかったのだから。

母は三十九歳で父の後妻になった。父と祖母、先妻の子である私の姉との四人暮らしが始まった。生活は苦しく、朝から晩まで父と共に田畑で働きながら、寝たきりだった祖母の介護もやった。四十三歳で私を産んだ。五十一歳の時、祖母が死に、翌年父が事故で死んだ。四年後、二十三歳になった姉が結婚して家を出た。私が小学校六年の時から、母との二人暮らしが始まったのだ。それ以来、母は私を育てるため、懸命に働いてきた。だから、体を酷使し続けてきたツケが一気に出たのだ、と私は思った。

入院当初は、寝たきりも覚悟したが、がんばり屋の母は、一本杖で歩けるまでに回復し、退院した。

この頃、三十三歳の私は、ミニコミ紙の記者になって七年目だった。二回の転職の末、ようやく夢をつかみ、一生の仕事にしようと打ち込んでいた。しかし、不規則な仕事に加え、通院の付き添いなどが重なり、心身ともに疲れ果て、母の退院後半年で仕事を辞めた。会社には介護休業制度はなく、国の介護保険制度もまだ始まっていなかった。

無職になった私は、母を勉強台に社会福祉を学ぼうと、大学生に転身したのだ。四年間の勉強を経て、社会福祉士の国家資格を取得し、再就職に動き出した時、母の体に異変が起きた。

胆のうに結石が見つかり、頻繁に急性胆のう炎を発症するようになったのだ。発作のたびに発熱、腹痛、嘔吐《おうと》に苦しんだ。肝硬変だったから、胆のうを切除する根本治療ができず、対症療法しかない。発作を起こすたびに入退院を繰り返した。発作は何の前触れもなく突然起きるので、私は心配で家を空けられなくなり、再就職をあきらめた。母が受け取る三種類の年金だけが生活の支えだった。

「さあ朝だ。早く起きましょ、イチ、ニッ、サン」。こんな言葉がけから、母との一日が始まった。「イチ、ニッ、サン」は母の口ぐせだった。入退院を繰り返すごとに、動きが鈍くなる自分の体に喝を入れるため、口ずさみ始めたのだ。

最初の頃、とても耳障りだったので、やめて欲しいと懇願した。けれど黙って歩こうとすると、体の動きがチグハグになってしまう。我慢するしかないと覚悟を決めたが、私の眉間《みけん》には、くっきりと二本の縦じわが刻み込まれてしまった。これはまずい、と考えていた時ひらめいた。母と一緒に口ずさんでしまおう、と。

気持ちに余裕のない時など、ついきつい言葉を投げかけてしまう。そこで予防策として、言葉の終わりに母の口ぐせをつけるようにしたのだ。「ちょっと早くしてよ」と言っていたのが「ちょっとだけ早くお願い、イチ、ニッ、サン」と柔らかい言い回しに変えるだけで、心にゆとりがもてるようになった。抑揚をつけると噴き出し、ぎすぎすした気持ちも消えていった。

一昨年からは、ここに新たな単語が加わった。きっかけは、廊下で転び顔面を強打したことだった。それ以来、一人で歩くことに臆病になってしまったのだ。母は緑内障も患っていたので、視野は非常に狭かった。だから余計に怖かったのだ。けれど皮肉にも、母が日中過ごす茶の間からトイレまでは約二〇メートルある。さらに利尿剤を服用していたので、午後は一時間に一回は通わなければいけなかった。私が後ろから見守って歩くのだが、やはり母は怖いらしく、危なくないか、と私に確認するため「いいか、いいか」と訊くようになった。それがいつの間にか短く歯切れの良い「いか、いか」が加わり「イチ、ニッ、サン、いか、いか」になったので、私は「大丈夫だよ」と言う代わりに「シー、ゴー、ロク、たこ、たこ」と、ふざけて答えていた。おかげで、わが家は毎日「いか」「たこ」合戦が繰り広げられた。

そのうえここに、母娘漫才のような毒舌バトルが展開した。例えば、母の髪を整える時、「あれまぁ、また一段と髪の毛が危機的状態になってきたねぇ」と、私が言うと「お前が髪を洗うたびに、毟《むし》るからだ」と、言い返す。

食卓に朝食を並べ終わらないうちから、おかずに手を伸ばす母。「作った人より先に食べるとは、何たる無礼」。私がおどけて言うと「いいだ、世帯主だで」と、母は涼しい顔をしていた。

夜、母をベッドに寝かせると「ありがとうございました」と、健気にお礼を言った。すかさず私は返す。「ございました、ということは、もう死ぬということだね。最期のあいさつか」「ばか言え。そうそうくたばってたまるか。今日はありがとうございました。明日もよろしく。これでどうだ」「えー、まだ生きるの」「当たり前だ。文句あるか」という具合で、一日中にぎやかだった。

しかし、以前は仲が悪く、けんかが絶えなかった。それが介護四年目に転機が訪れた。私に隣組長の役が回ってきたのだ。役員会に出かけると、女性は私一人だった。「何で私ばっかり酷い目に遭わなきゃいけないだ」。帰宅し、泣きながらうっぷんをぶつけた時だった。「かあちゃんはそういう思いを三〇年背負ってきた」と、つぶやいたのだ。そして今まで誰にも言わず胸の奥にしまい続けた思いを話し始めた。父が死んでから、母も弱い心を体の奥に隠して生きてきたのだ、そう思えた時、イライラした気持ちは消え、母に対するいとおしさが溢れてきた。私が母を支えていると高圧的になっていたことを悟った。身体的には私が母の左手足になってきた。けれど精神面では、母が私を支えてくれていた。ようやくそのことに気づいたのだ。

あの時から、私は素直に母と向き合えるようになった。心の底から語り合えるようになれたのだ。

この一七年間、たくさんの人に支えてもらった。私の愚痴を黙って聞いてくれた会社の上司。心の内を吐き出すと、こんなにも楽になるということを初めて知った。私の体を気遣って、栄養ドリンクやパンを差し入れてくれた同僚たち。

母が入退院を繰り返していた時は、「付き添いお疲れ様です。元気出してください」と、今は珍しい二千円札をおつりに差し出してくれた、顔見知りのコンビニ店員。ちょっとしたサプライズに、張りつめていた気持ちが和らいだ。また、母の病状が後退し、入院が長引いて心細かった時「昨日より顔色がいいよ。大丈夫、良くなってきているよ」と、毎日励ましてくれた掃除のおばさん。さらに、夜病院の付き添いで、私が帰宅できなかった時、家の電灯がつかないことを心配してくれた今は亡き裏のおばさん。

母が家で転ぶたび、手を貸してくれた九十歳の東隣のおじさんと、分家の八〇代前半のおじさん、おばさん。

近所の犬の声を私の泣き声と思い込み、早朝から駆けつけてくれた西隣の八〇代後半のおじさん、おばさん。勘違いに気づき三人で大笑いしたが、嬉しくて涙があふれた。

肝硬変が悪化したものの、平熱で痛みもなく救急車を呼べない、でも病院まで連れていく自信がなくて困っていた時、村の保健師さんに助けを求めた。すぐに地域包括支援センターの職員を含め三人で来てくれ心強かった。ケアマネジャー、デイサービスの職員、訪問看護師のみなさんには、最晩年の母を支えてもらった。

何より長い介護をしてこられたのは、姉の助けがあったからだ。私は困ったことがあると、すぐ姉を頼った。母とは血縁関係がないのだから断ることもできたはずなのに、いつも嫌な顔をせず、高速道路を一時間以上運転して駆けつけてくれた。快く姉を送り出してくれた義兄にも感謝している。

そして母亡き後、一人暮らしになった私を気にかけ、頻繁に連絡をくれる叔母と叔父。さらには、「この頃姿を見かけない。一人になって気落ちしているかもしれないから、様子を見て欲しい」と、役場に連絡を入れてくれる人。その連絡を受けて駆けつけてくれる民生委員さん……。介護したからこそ、出会えた人も多い。これからは、受けた恩を少しずつ返していきたいと思う。

確かに介護は大変だ。その半面、親とじっくり向き合える貴重な時間でもある。一七年前、母が脳梗塞で倒れ、そのまま息を引き取っていたら、私は母のことを何一つ知らずに終わっていたはずだ。けれど介護したからこそ、母の人生や気持ちを知ることができた。親は一番身近な存在なのに、身近すぎて本当は何も知らなかったということを痛感した。そして何より、人間が老いるとはどういうことか、身をもって教えてくれた。私は母の姿を見て、人生の指針について考えることができた。介護は、母からもらった最高のプレゼントだ。

選評　樋口恵子

私も一人っ子、親を見送るシングル介護の心細さがよくわかります。腹違いとはいえ、いいお姉さままでよかった。介護離職した辛さの中で、勉強して再就職の準備中でしたね。五〇代に入ったばかりのお若さ。これからあなた自身の人生への挑戦が始まります。

選評　沖藤典子

一七年間の介護。介護したからこそ知った母の人生や気持ち。老いるということも学びましたね。母娘の関係が険悪な時期もありましたが、近隣や専門職、多くの人の支えのもと、心をリフレッシュして、母を見送りました。その葛藤を詳細に書き込んだことで、この作品に香気が生まれました。

選評　袖井孝子

ひとり親世帯が増え、未婚化晩婚化が進む今日、仕事をもつ単身者が親の介護にあたるというケースが増えています。仕事を辞め、親の年金に頼って暮らすのはけっして楽ではなかったはずですが、母と子のユーモアあふれる会話に感動させられました。

選評　望月幸代

一七年にわたるシングル介護を終えた娘五十歳、実母は九十三歳。働きながらの介護はときには諍いも生む。そんな中でも母娘のユーモラスな会話を編み出していく。しかし、血縁関係のない姉やその夫の義兄、近隣の人々をはじめとして、介護保険の利用と専門職の支えなどがあってもなお、仕事と介護の両立が難しかったのですね。

選評　渡邉芳樹

九十三歳で他界した実母の一七年にわたる娘の介護。がんばり屋の実母との会話の工夫、職場や地域の支えへの感謝。実母の人生や気持ちを知ることの大切さ、老いることの意味を知り人生の指針を得たという、心温まる体験記です。

# 南天の花

酒井えり子

母の最期を看取り、四度目の春を迎えようとしています。

母は享年九十三歳で亡くなりました。亡くなる四年ほど前に脳梗塞で倒れ、二年近く病院で治療を受け、その後は、母の望みによる在宅での介護となりました。

当時の母は、介護度の最高にあたる要介護五の認定を受けていました。

母の食事は、鼻から胃に管を通して注入する朝・昼・晩の経管栄養です。

寝たきりのため、一日六、七回のオムツ交換。そして、吸引機による痰《たん》の吸引。午前、午後、寝る前に肺炎予防と床ずれ予防の体位交換。

週二回、ヘルパーさんによる訪問入浴。

週一回、看護師さんの訪問看護。

月一回、ケアマネジャーさんの訪問。

月一回、主治医の先生の往診。

これらが母の日常の姿でした。


母には末娘の私を含め、四人の子どもがおります。それも全員が娘です。

大正生まれの母は、戦争に翻弄《ほんろう》された人生を歩み、女手一つで、私たち四人の娘を育ててくれました。私は、苦労してきたであろう母の愚痴やわがままを、子どもの頃から聞いたことがありませんでした。

そして、脳梗塞で倒れ身体が不自由になっても、愚痴やわがままを一切言わないのです。

そんな母の「家に帰りたい」。

この言葉の重みは、ずしんと私たち娘の胸にこたえました。

娘たち四人。四組の夫婦。幸いにも全員が健康でした。母の状況を見ると、家に連れて帰るのは、不安でいっぱいでした。が、母の「だいじょうぶ。何とかなるよ」の言葉に支えられて、在宅介護を決心しました。

介護を受ける母は九十一歳。

介護を担う四組の夫婦八人の平均年齢は六十四歳。

ともあれ、私たちは実家で母の介護を中心に、奇妙な集団生活を送ることになりました。

母が倒れる前から同居していた一番上の姉夫婦を中心に、必ず誰かが応援にいく介護の計画をたてました。

母を囲み、食事の世話やオムツ交換をしたりしていると、まるで、子ども時代に帰ったようでした。

母がいて、一番上の姉、次に二番目の姉、三番目の姉、そして、最後は四番目の私。この位置は、大人になっても、何ら変わらずの位置づけでした。母は、娘たちの介護を受けながらも、

「私を世話することは、お前たちが、お前たち自身の、老いることの予習をしているようなもんだよ」

と、凛として親の威厳を保ち、ぴしゃりと言い切るのです。

母の介護にも、ようやく少し慣れてきた梅雨時の頃、

「南天の花が咲いているだろう」

と、母はオムツを替えている私に、話しかけてきました。

「南天の花って、今頃咲くの」

冬、白い雪を背景に赤く色づいている南天の実は、よく知っていましたが、花には、ま

ったく気づいたことがなかったのです。

雨樋《あまどい》の横に植えられている南天の深緑色の枝葉に、白い小花が、総状に浮き上がるように咲いていました。

ベッドに寝ている母の所からは、庭の草花は見えないのですが、母は、まるで見えているかのように、季節に応じた草花の話を聞かせてくれました。

嫁いできて七〇年近く、この庭に、母のさまざまな思いが、注がれているのだろうと思いました。とりわけ、南天についてはよく話してくれました。

強い台風が去った九月のある朝、

「庭の南天を見てごらん。実は落ちていないだろう」

この頃の南天は、八ミリほどの薄茶色の実になっていました。その実は、母が言うように一つも落ちていません。

「どんなに強い雨風に打たれても、南天は実を落とすことはないよ。でも、時期がくると、鳥に啄《つい》ばまれたりして、赤い実は枝から離れ、気がつくと、土の下で種になっているんだよ。まったく、人も同じだね」

母が南天を植えたのは、母の父から『南天は難を転じるといわれ、災いを避けてくれる』と教えられ、母の実家から持ってきて、子どもが生まれるたびに、増やしていったと言うのです。

母との生活も半年が過ぎ、賑やかに正月を迎えました。庭も真っ白な雪で覆われています。白い雪を背景に、南天の赤い実が誇らしく輝いています。それを花瓶に入れ、母のベッドの横の古びた箪笥《たんす》の上に置きました。

「ようやく、赤い実になって人様に見てもらえる出番だね」

「そうだね。この赤い実は、誰にも気づかれずに、ひっそりと咲きがんばってきた南天の花のお陰だね。季語も花の時期ではなく冬なのよね」

「花も本望をとげて喜んでいるよ」

遠くに大晦日の除夜の鐘が鳴っていました。静かに寝息をたてている母の横顔に南天の白い花を見たように思いました。母と除夜の鐘を聞いたのは、何十年振りのことでしょう。

東日本大震災の時にも、母の言葉で救われました。私たちの住んでいる所は、被害がなかったのですが、相当激しく揺れました。驚いて右往左往している私たちに、

「だいじょうぶ、だいじょうぶ」

と、母が落ち着かせてくれたのです。ベッドが音をたてて揺れていました。逃げることもできない母の恐怖は、私たち以上だったはずです。でも、母は、その素振りを見せませ

んでした。その後も、テレビで流れる映像を見て、

「みんなで助け合っていったら、だいじょうぶ、だいじょうぶ。すべての物を失った戦後も立ち上がってきたんだから。だいじょうぶだよ」

と、私たちを勇気づけてくれました。

その震災の一カ月後でした。母は家族に見守られ、眠るように息を引き取りました。

母を見送り、私たち八人も、それぞれの生活にもどりました。

今、振り返ると、母と過ごした一年と一〇カ月が、まるで夢のできごとのように思い出されます。

そういえば、こんなことも教えられました。

「母さん、寝たきりなのに、退屈じゃないの」

「何も退屈のことなどないよ。寝ていてもいろんなものが見えるし、さまざまなことが聞こえるし、台所からは、おいしそうな匂いも流れてくるし、ほんの少しだけれど口からも入れられるし、何よりも、お前たちのそばにいられるもの。動けなくても、たくさんのことが、味わえるので幸せだよ」

母は、母の言葉通り、よく私たちのことを見ていました。私たちの話を、よく聞いてく

れました。風が運んでくる花の匂いを楽しんでいました。ほんのわずかですが、味噌汁の汁も口にすることができました。そして、顔を洗ったりオムツ交換をした後などに、優しく手をなでてくれました。

母は、何気ない日常の何気ないことを、母の五感を使って、幸せを味わっていたのでしょう。そして、そのことが、どんなに人生を豊かにすることかを、身をもって私たちに教えてくれました。いくつになっても、どんな姿になろうとも、子どもに教えようとする親の愛の深さに、ただただ驚かされました。

母の介護をする前は、介護を仰々しく捉え、ことさら、暗く後ろ向きに考えていました。母は、どんな姿になろうとも、母の人生を歩んでいるのです。そして、時を同じくして、私たちも私たちの人生を歩んでいるのです。介護というよりも娘として、今、自分ができることを、ほんの少し、ほんの少し、寄り添っただけのような気がします。

母の在宅介護は、一人だったらできませんでした。二人でも、三人でもできません。八人いたからできたものだと思います。

介護は無理をしたら、する方もされる方も、お互いに潰れてしまいます。ゆるり、ゆるりと、がんばり過ぎなかったから、母と娘の関係を保つことができました。

母との穏やかな日々を送り、老いてゆく母から、多くのことを、とりわけ、南天にまつわる話を聞くことができました。これも、医療関係の皆様、母とかかわりをもってくださった方々、そして、家族のお陰であると、心より感謝しております。

私も母が育てた南天を、実家から持ってきて庭に植えました。

選評　樋口恵子

「美しい」の一語に尽きる色彩あふれた作品です。亡くなった母上は九十三歳。実家から移し植えた南天の白い花と雪の中の赤い実。嫁いで七〇年の母の歴史が四人の娘たちに引き継がれる。娘たちの協力ぶりは見事ですが、グチ一つ言わぬ母上の姿に胸を打たれました。

選評　沖藤典子

「介護を後ろ向きに考えていたが、違った」と、介護から得たもののありがたさを書いています。四人の姉妹と夫たちの団結。昔の子ども時代に帰ったような、母との濃密な時間がありました。「南天の花は、難を転じる」という、母の父から伝えられた母の教えは、まことにそのとおりでした。今、介護を終えて、達成感があることでしょう。

選評　袖井孝子

四人の姉妹とその配偶者が力を合わせて、寝たきりの母親を看取ったという希有な体験。八人が仲間割れもせずに最期まで介護が続けられたのは、穏やかな中にも凛とした威厳を示す母親の性格によるところが大であったと思われます。文章力に優れ、読ませるエッセイです。

選評　望月幸代

私はこの作品が好きです。要介護五の九〇代の寝たきりの母を四人の娘たちとそれぞれの夫たちで八人、平均年齢六十四歳が支え合いながら介護します。真っ白な雪を背景に庭の南天の赤い実が輝く。除夜の鐘の音を聞きながら母と娘は会話を交わす。思わず美しい映像が目に浮かびます。

選評　渡邉芳樹

退院後二年あまり在宅で、重度の寝たきり。娘四人による介護の中で母から教えられた梅雨時に目立たず庭に咲く小さな白い南天の花。日常の何気ないことでも五感を使って幸せを味わい人生を豊かにするという、美しい体験記です。

# 男性ヘルパー

宮野　聡

「父さん。俺、介護職に就職が決まったよ」

そう伝えると、父は、

「そうか……」とだけ答えた。それ以上は何も言わなかったが、父が喜んでいないことはすぐにわかった。

今から三年ほど前のことだが、当時からすでに介護職は人手不足の業界として知れ渡っていた。と同時に、低賃金で社会的評価も低いということも知られていた。親からすれば、息子が介護職に就くということは、歓迎できないことだったのかもしれない。口では「がんばれよ」と言っていたものの、その言葉に実感はなく、「できれば他の職業に就いて欲しい」というのがありありとしていた。

しばらく経ってから、「職業を決めるのは大事なことだから、もっとよく考えたらどうか。

生活費が工面できないなら、父さんが何とかしてやるから」と言い出したことにしても、それがよく表れていた。当時からすでに介護職は、「他に行くところがない人が就く仕事」と見られており、それと同時に「応募すれば誰でも採用される仕事」と見られていた。

その時、私はすでに三〇代後半だったから、あんまり悠長に仕事を探すわけにもいかなかった。それに、ホームヘルパー二級の資格を取るために数カ月学校に通った結果、介護職が楽しそうな仕事であることがわかっていたため、私はかなりやる気に燃えていた。そんな私にとって、父の不満顔はちょっとしたショックだった。

父が私の就職を喜ばなかったのは、私の勤め先が老人ホームなどの施設ではなく、在宅だったこともある。施設で働く男性介護職はたくさんいるが、高齢者の自宅から自宅を自転車で回る男性介護職はまだまだ少ない。仕事内容も、施設のように身体介護がメインではなく、掃除や買い物、調理などの生活介助がメインのため、「男がやる仕事ではない」と思っていたようだ。

私は私で、施設とは違って、高齢者と一対一で向き合える在宅介護はとても魅力的だと思っていたから、自分の決定を間違っているとは思っていなかった。ただ、入社した事業所で、「男性ヘルパーはあなただけです」と言われたときは、さすがに心配になった。

他の事業所がどうか知らないが、私の事業所では同性介護が基本だった。男性ヘルパーはおじいさんの介護を担当するというのが、基本だった。だから入社してしばらくは、私はずっと男性の介護を担当していた。食事を作ってあげたり、買い物に行ったり、一緒に通院したり……。相手はつねにおじいさんだった。

ある日、事業所から一人の女性を紹介された。ミチコさんという九十七歳の女性だった。毎日ヘルパーが入っているのだが、現在のヘルパーが同時に三人辞めてしまうので、私にも入って欲しいのだという。女性の介護は初めてである。緊張した。

ミチコさんは、とても物腰の柔らかい女性だった。言葉遣いもとても丁寧で、攻撃的なところが一切ない女性だった。

私の仕事は調理と掃除だった。ミチコさんは九十七歳だが、独居だった。近所に娘さん夫婦が住んでいるのだが、一人のほうが気楽なので、今の暮らしがいいのだそうだ。料理は何より苦手だったが、ヘルパーである以上、そうもいっていられない。私は必死にこなした。

「介護」と聞くと、すぐにオムツ交換を連想してしまう人は多いだろう。介護の世界を知らない人ほど、その傾向は強い。だが、一口に「介護」といっても、やるべきことはさまざまである。「介護」といえば、「身体が動かない高齢者のお世話をする」というイメージがどうしても強くなるが、実際は「生活上のさまざまな不便を補佐する」というのがヘルパーの仕事だ。だから、私のように料理や掃除をするのも、れっきとしたヘルパーの仕事なのだ。

他人に料理を作るというのは、とても緊張する。まずければ食べてくれない。相手は高齢者なのだから、食べてくれなければ相手の健康に影響してしまう。私は必死で作った。

「あのねえ、あなたに大切なお話があるのだけど……」

ミチコさんを担当して一カ月ほど経ったある日、いつもの穏やかな口調でそう言われ、ドキリとした。いつも私の料理を食べてくれているが、それはやはりお義理であって、やっぱり口に合わなかったのかもしれない……。だが違った。ミチコさんはこんなことを言った。

「一生懸命お仕事をしてくれるのは本当に助かるんだけど、あなた、別のお仕事を探したら？」

「お料理、口に合いませんでしたか？」

恐る恐るそう訊いてみると、そうではないのだった。

「私みたいなおばあさんの相手なんて、おばさんヘルパーで十分なのよ。あなたみたいな若くて健康な男性がする仕事じゃないわ。あなたを見ていると、本当にもったいなくて

もったいなくて……」

　相手を傷つけないように、ミチコさんはそう言うのだった。

　ミチコさんのお父さんは、明治生まれだが大学を卒業しており、とても社会的地位の高い仕事に就いていた。そのせいで、ミチコさんはお金に困ったことがなかったという。戦中、戦後の苦しい時代にあって、「私はとても恵まれてました」と言っていた。兄弟も息子、娘も大企業に就職し、豊かな生活が当たり前の生活だったらしい。そんなミチコさんには、男性がヘルパーをやっていることがどうしても理解できなかったらしい。

　九十七歳とは思えないほど、ミチコさんは現代社会に精通していた。国会中継を熱心に観て、社会の動きを熟知していた。

　介護職は社会的に地位が低く、賃金も安く、離職率も高いという実情を、ミチコさんはよく知っていた。そんな恵まれない仕事に私を従事させていることが、ミチコさんには申し訳ないようだった。

「おばさんヘルパーにもできるような仕事をあなたにさせちゃって、本当にごめんなさいね」

　とよくミチコさんは謝っていた。大正生まれのミチコさんには、「男性なら男性らしく、一家を養えるようなそれ相当の仕事に就くものだ」という想いがあった。料理や掃除といった仕事はミチコさんには「介護」ではなく「家政婦」のように見えたようだ。（ミチコさんから見れば）若い男性を、このような仕事に従事させているのは申し訳ないように感じたらしい。

介護職に就職が決まったとき、父は喜んでくれなかった。そして、担当した九十七歳の女性からも、その存在を喜ばれなかった。正直、つらかった。

これまでの職業経験で、こんなことに遭遇すると私はすぐに退職する道を選んできたけれど、介護職はなぜか辞める気にならなかった。一人のおじいさんが私に言った言葉が私を支えてくれていたからだ。

「あんたは本当にこの仕事に向いてるよ。あんたが辞めたら困る人は絶対にこの世にいる。それを忘れたらいかんよ」

男性が介護職をやるなんて……と思う人はいるだろう。それはしょうがない。でも、自分を必要としてくれる人もいるんだ。目の前の仕事を必死にこなそう。私はそう考え、ミチコさんとこれからも付き合うことにした。

「ねえ、あなた。この会社、新入社員を募集してるわよ。応募したらどうかしら？」

ミチコさんが新聞広告を指さしてそう訊いてきても、

「ありがとうございます。でも、僕は介護の仕事が好きなんです」

と笑って答えた。そんなやりとりを繰り返しているうちに、いつしか、ミチコさんは私に転職を勧めることはしなくなった。相変わらず男性ヘルパーは私一人だったが、

「たまに男性と話すととても楽しいわ。お料理はあと一歩だけど」

と笑ってくれるようになった。

そしてある日、ミチコさんはこんなことを私に言った。

「二十五歳になる孫がいるんだけど、今、仕事をしていないのよ。だから私、介護の仕事を勧めようと思っているの」

お孫さんは男子である。二十五歳の男性に、ミチコさんは「あの」介護の仕事を勧めようとしている……。自分の仕事が認められたみたいで、これは本当に嬉しかった。

「うちの孫は要領が悪いのよ。あなたみたいにテキパキできるかしら？」

ミチコさんは茶目っ気たっぷりの顔で、そう言ってくれた。

ミチコさんがお孫さんに介護職を勧めてくれた。それは私にとって、ある種の成功体験だった。

介護職に就いてから、三年が経つ。自分の職業を恥じる気持ちはまったくないし、毎日の仕事にも意味を感じている。その姿勢を感じ取ったのか、父も、「お前の働いている姿を見てみたい」と言ってくれるようになった。

介護職というのは、やっているうちに成功体験を積み重ね、徐々に自信をつけていく職業なのではないか。相手を助けるというより、介護される側が「承認される喜び」を積み重ねる職業なのではないか。

毎月の給与明細には低い数字が並んでいるが、この仕事を辞めようとはまったく思わない。給与明細には載らない喜びがあるのだから。

選評　樋口恵子

家族としての男性介護者はすでに三割を超えました。特養、老健などで働く男性も増加傾向です。しかし、男性ホームヘルパーはまだ珍しいかもしれません。父上、訪問先の老女性から反対の目で見られても、筆者は自問自答しつつこの仕事を選んでいます。人間を支えるこの仕事の待遇がもう少し改善されますように。私たちもがんばります。

選評　沖藤典子

介護職の仕事は、お父さんには歓迎されませんでした。しかも作者は施設ではなく、在宅介護を選び、同性介護のみならず、女性の介護も受け持ちました。その方からは、男孫に介護職をすすめるほど信頼されました。介護とは相手から「承認される喜びを積み重ねる職業」、この言葉は鮮烈です。介護で働く人々の励みになることでしょう。

選評　袖井孝子

男性介護職は増えていますが、訪問介護をしている人は少数です。男性の寿退職が多いといわれる介護職の中で、介護の仕事が大好きな男性ヘルパーの存在は大変に貴重です。ぜひ、辞めないで続けてください。そして、宮野さんに続く男性が増えてほしいものです。

選評　望月幸代

最優秀・優秀賞に選ばれた四名の中で唯一の男性、しかも専門職。人手不足、低賃金、社会的評価低いなど、あまたのハンデで父親に反対されながらも介護職に就きます。同性介護が基本の職場で九十七歳の女性を訪問介護し感謝され、父親にも認められます。がんばれ、宮野聡さん。

選評　渡邉芳樹

三〇代後半から飛び込んだ介護職の男性と一人暮らしの高齢女性との出会い。父親や介護を受ける女性との間での紆余曲折を経て、たとえ給与が低くても「承認される喜びを積み重ねる職業」としての確信が印象的です。

# 佳　作

# 孤独ではない介護

五十嵐陽子

今から二〇年以上前、自宅の庭で父が転倒をして、頸椎《けいつい》損傷という、大ケガをしました。救急車で病院に運ばれ、首から下がまったく動かず、ただベッドで横たわっている父を見て、これからどうなってしまうのだろうかと不安でいっぱいになりました。でも、幸いにも、頭は打っておらず、会話もでき、命に別条がなかったことが救いでした。

母が亡くなっており、兄と私との二人での介護が、その日から始まりました。まだ、介護保険もなかった頃です。病院には付き添いも必要で、私が仕事を辞め、毎日泊まり込みました。兄は仕事へ行く前に病院へ顔を出し、また、休みの日には、私に代わって付き添いをしてくれました。

親せきや、父の友人の助けも借り、早めにリハビリ病院へ転院をし、本格的にリハビリを始めたのがよかったのでしょうか？　まったく体を動かせなかった父が、自分で車いますで移動できるまでに回復しました。指一本、動かせなかった父の回復力には、本当におどろきました。

つらくて、苦しいリハビリ。父は一言もグチを言わず、毎日休まず続けていました。リハビリの先生が休みの日には自主トレをし、「休むのも大事ですよ」と、先生にやんわり怒られていましたが。

退院の許可が出て、自宅へ戻ることができ、自宅をバリアフリーにしました。とはいえ、昭和のはじめから建っている古い家です。何度もリフォームをして、そっと使ってきた家を大々的に直すことはできませんでした。玄関を車いすでそのまま入れるように、大工さんにスロープを作ってもらったり、トイレとお風呂に手すりをつけたりと、その程度のことでした。家の中がせまいので、タンスなどの家具につかまって伝い歩きもしていました。

工夫をすれば、何とか車いすでの生活ができるものなのですね。親せきや、父の友人たちも、車いすになった父を特別扱いすることなく、元気な時と同じように接してくれました。食事会や旅行など、以前と変わりなく声をかけてくれました。旅行先では名所を巡る時、階段を父の友人たちが車いすごと持ち上げて、まるでみんながおみこしを担いでいるように、運んでくれていました。フワッと車いすが持ち上がった時、びっくりした顔をしていましたが、その後、満面の笑みをうかべていた父でした。

そんな生活を一〇年以上していたある日、父が車いすから突然、ズリ落ちてしまったのです。言葉も、ろれつがまわらなくなっていました。体に力が入らなくなっており、座ることもできなくなったのです。二度目の救急車を呼びました。

今度は、脳に異常があるんだなと、私にもわかりました。以前と同じ病院へ向かう救急車の中、涙があふれてしまいました。救急隊員の方が、いろいろとはげましてくれたのを、うっすらとおぼえています。すぐに検査をして、脳出血が見つかりました。頸椎損傷に脳出血、そしてその後、脳こうそくも発症しました。もう家には、戻ってこられないのかと、ＩＣＵに入っている父を見て、そう思いました。でも何とか、三〇分くらいでも車いすに座っていることができるようになり、もう一度リハビリ病院へ転院しました。

二カ月ほどリハビリした頃、もうこれ以上回復は無理だろうと、告げられました。介護保険が始まっていたので、認定を受けたら、要介護五の認定でした。その状態で自宅に戻るのは無理と、まわりの人たちに言われました。でも、本人も戻りたいと言い、兄も私も戻ってほしかったのです。退院の許可をもらうには、訪問診療をしてくれるドクターと、訪問看護のナースを決めるようにと言われました。

以前からずっと診察をしてくれていた近くのかかりつけ医に相談。快諾してくれ、訪問看護ステーションも教えてくれました。「利用者が多く、新しい患者さんは受けてもらえないかも」とのドクターの話でした。電話で問い合わせをして、ドクターがかかりつけ医だと話すと、引き受けてくれるとのことでした。

あとは、入浴です。自宅での入浴が無理なので、ケアマネに相談。デイサービスへ通い、週二回、入浴するのはどうかとの提案でした。要介護五の父が、入浴できる機械浴があるデイサービスを、雨の中、ケアマネが一緒に探してくれました。いくつか断られた後に、「他の利用者さんに比べ、介助が必要な場面が多いでしょうが、何の問題もないでしょう」と、笑顔で言ってくれた施設長のいる、デイサービスに決まりました。

周囲に反対する意見も多かった父の退院でしたが、トントンと迎え入れる準備が整い、無事に自宅へ戻ってきてくれました。ドクターとナース、そしてケアマネやデイサービスの職員に支えられながら、自宅での介護を兄と二人、何とか行えました。その後、三年ほど自宅で過ごしましたが、けいれん発作を起こしたため、三度目の救急病院への入院。その病院で、静かに息を引きとりました。通算一五年の介護でした。

ふり返ってみると、なんとたくさんの人たちに、助けられていたことでしょう。父の退院を反対していた人たちも、最期は「しあわせだったね」と、父に言ってくれました。兄と私が大変だと、気づかってくれての反対だったと、今は思えるようになりました。介護を乗り切ることができたのは、きっと孤独ではなかったからですね。

父が亡くなった後、仕事を辞めていた私は、仕事を探さなければと思いました。今の私に、何ができるだろうか。介護の仕事がしたい。デイサービスでお世話になったから、デイで働きたい。介護されている人、介護をしている家族の、少しでも役に立ちたい。そんな想いがフツフツとわいてきました。

そして、勉強しながら、デイで働き、介護福祉士の資格をとりました。一〇年近くデイで働いており、あの時お世話になったナースやケアマネと、施設でバッタリ会い、私が介護の仕事をしていることに、びっくりされました。

自宅で何の知識もなく、技術もなく、父の介護をしていた時、父が「こんなお父さんでも長生きしてほしいか?」と聞いたことがありました。胸に突きささる一言でした。「長生きしてほしいから、介護しているんだよ」と、答えるのが精一杯でした。

介護の資格をとり、あの頃のことを思い出すと、もっとああすればよかった、あんなこともできたはずと、考えてしまいます。手探りで介護をし、後悔することもたくさんありました。

でも、たった一つ、まちがってなかったと思えること。それはいつも、父に対して、笑顔で向き合えたことでした。それは父が、教えてくれたことでした。つらくて、苦しい時でも、父はいつも楽しい話をして、笑わせてくれました。そんな父が教えてくれた、いつも笑顔でいること。今、私は、デイに通ってくる利用者さんや、利用者さんの家族と、笑顔で接することを心がけ、毎日過ごしています。

# 〝認知症〟一〇年間で学んだこと

上原百合子

認知症の始まりは突然やってくる。

本人は、当たり前に生活しているつもりでも周りにしてみると、「えっ……」と思わず口に出るような信じられないことから始まる。

ずーっとボケてるわけでなく、まだらボケから始まるので、つねに一緒にいる人たち以外はなかなか気づかないものです。

認知症の症状は、本人が気を許した相手に対してポロリと出ることが多く、たまに会う人やいつも一緒にいない親族には、もっともらしいことを言うので、〈全然変わったところはない、しっかりしているおばあさんだ〉ということになり、そのギャップが、介護する人の〈誰もわかってくれない〉という気持ちと重なり、ストレスとなります。

認知症にもいろいろなパターンがあるので一概にはいえませんが、ある程度の高齢者の場合は、みる人のほうがちょっと視点を変えてみると、だいぶ気が楽になることが多いように思います。

そのことを皆さんに知ってほしくて、今回応募をしてみました。

今、介護で悩んでいる方々の気持ちが、少しでも、やわらぐヒントになれば幸いだと思います。


私は、約一〇年間、認知症と向き合って、試行錯誤しながらいろいろなことを勉強させてもらいましたが、簡単に説明できないことばかりです。

介護期間中の問答をいくつか書き残してあり、読み返すと、元気を貰えるような愉快な会話集になっています。今では、私にとって大事な宝物です。

本人は、座ることもできず、寝たままで、食事も口まで運び、もちろんおむつです。出るのも、出たこともわからない状態でしたが、会話は愉快なものでした。

「おむつを取り替えよう」と言えば、「なに、背中の赤ん坊の?」と言われ、「背中に赤ん坊、背負って寝ていたら、赤ん坊がぺっちゃんこにならないかい?」と聞くと、知らん顔で、澄ましてそっぽを向く。

時には、往診に来てくれた医師が、「おばあさん、お粥《かゆ》ぐらいは食えるかい?」と聞くと、寝たきりで、右手が少し動くだけなのに、「お粥なんか食って仕事ができるか！」と間髪いれず、威張って答えるので、医師が笑い出す。

私が、「一日に卵一個は食べさせるようにしています」と答えたら、医師は「もう栄養なんか考えなくていいよ。水だけ飲ましておけば」と言ったとたんに、「金魚じゃあるまいし、水だけ飲んでいられるか！」と怒って、大笑いになりました。

ある時、総合病院へ、予約して連れていきました。

中待合室に呼ばれて待っているとき、突然、「人を時間で呼んでおいて、自分が来ないとは何事だ」と言い出したので、他の患者さんたちは、必死で笑いをこらえている。

付き添いの私は、恥ずかしさに身の縮む思いでした。

言った言葉だけ見てみると、とても認知症とは思えない、いかにも当たり前で、すごくとんちのきいた言葉が、つぎつぎに出てきます。

このように、わが家の姑は、近所の年寄り仲間や、娘たちが来た時も、いたって普通の会話が成り立っています。

けれども、本人によく聞いてみると、

「歳は四十五歳。息子は中学二年生。旦那さんは働きに行っていて、滅多に帰ってこない」という話をしてくれます。

生きている時代が、ずれていることに気づかされました。

そんなときでも、「面倒を見ている私は、いくつに見える？」と聞けば、「そうだなあ、五十五、六かな？」と、極めて正常な答えです。

しかし、本人の頭の中では、もっとも輝いていた時代に魂が帰っているようです。

そう考えると、いろいろな話のつじつまが合ってくるのです。

認知症の方の話で、よく聞く、「家へ帰る」という言葉は、その時代の家のことだ、と察しられます。

確かに本人にしてみれば、違うのだろうな？ と理解できます。

しかし、当事者にしてみれば、そのときどきの言葉や、仕草に振り回されて、疲れ果ててしまうことになります。今と昔を、瞬時に心が移動しているとでも、いうのでしょうか、想像できないことばかりです。


姑が亡くなった後で、いろいろな方の介護の様子を聞くにつけ、そのことが、一層よくわかるようになりました。

ある程度の年齢を超えると、大腿骨《だいたいこつ》を骨折しても痛みを感じなくなり、手術後すぐに歩き出して、まわりがビックリする。

嫁に見つからないところへしまった財布を、自分で見つけられなくなり、「嫁に取られた」。あるいは「泥棒が入った」などと言って、近所に言いふらす。警察に電話することもあり、家族は困り果ててしまいます。

昔は半年間、糸引き工場で働いて、給料が百円の時代。その後、月給が百円ぐらいの時もあった。もう少し時代が移って、車が走り始めた頃、おんぼろバスで、自家用車は村に数台という時代を必死で働き抜いて、今があると考えたとき、頭の中はその時代をさまよっている状態だと思います。

月給百円が、頭にしみこんでいて、数万円の年金が貰えるとなれば大金持ちです。

山や畑へ行くのが仕事だった人は、そこへ行くつもりで出かけてしまうでしょう。

都会で働いていた人は、電車に乗って出かけていくことになります。

それらが、周りから見ると徘徊《はいかい》といわれます。今の世の中では、危なくて仕方がない。行った先で、わからなくなって迷いもする。みんなが、認知症のそういった特徴を理解して対応して貰えたら、本人のためにも、見ている人のためにも、お互いに楽な方法が見えてくるのではないかと思います。

かかりつけ医からのアドバイスで、

・「怒ってはいけない」と言われていた。でも怒らない訳にはいかない。仕方なく、怒った後で、話題を変えて笑ってごまかした。
・「夜、騒いだら、温かい飲み物を与え、手を握って、低い声で話を聞いてやる」
・「何事も、頭ごなしに、ダメと言わない」
・「食べ物を食べたがる時は、小さいおにぎりを用意しておき、食べさせる」などと、相談しながら対応しました。

認知症が進んでからは、「家へ帰る」という言葉をよく言いました。その時は、「ご飯を食べたら、送っていくよ」や、「夜で真っ暗だから、泊まっていったら」などと言って気をそらします。

もっとも、言ってはいけない言葉は、「今いるところが、家だよ」です。どんなに説明しても、本人にしてみれば混乱して、精神的に不安定になり、想像もつかないことを始めてしまう場合があります。

食べ物は、枕もとにお菓子やお煎餅《せんべい》を置いて、いつでも少しずつ食べさせるようにしていました。

時には「何か、口へ入れてやろうか」と聞くと、答えが「何でもいいから、入れてくれ」「何でもいいなら、笛でいいかな」「笛は、チョット……」などと、冗談を言い合っていました。

おかげで「ご飯を食べていない」と言うことはほとんどありませんでした。

幸い、高血圧などの持病がなく、そういう面では、恵まれていました。

今、認知症介護で悪戦苦闘している皆さんが、少しでも明るい気持ちで、相対することができますよう、心底、念じています。

認知症の対応は、百人百様、手探りの連続です。同じ人でも、時により、対処の方法が変わります。正解がないところが大変なのです。

今、自分にまったく無縁だと思っている人も、突然、わが身に降りかかってくる可能性が、もっとも多い病気だと思います。

すべての皆さんが、わがこととして考え、現在携わっている方々の気持ちを理解していただけたら、ありがたいと思います。

# 母から学んだこと

遠藤ノリ子

十数年前に母は、生まれ育った四国松山の住まいを周辺の整地のため出なくてはならなくなったので、終《つい》の棲家《すみか》をどこにすればよいかと兄妹で候補地を出し合い、母に希望の所を選んでもらった。その結果、以前に何度も来て気に入っていた琵琶湖がすぐ目の前に見える、私の住んでいる大津市へ九十歳を過ぎてから引っ越してきた。

母は、私の父親が亡くなった後、一五年間ずっと一人で生活ができていたこともあって住まいは私のすぐ隣のマンションに一人で住むことになった。

このことは、お互いに自分の城で過ごすことができ、またそれぞれの来客も気兼ねなく訪問もでき、快適に生活ができたように思う。高年齢での引っ越しとあって環境に対応できないのではと心配はあったが、母は新しい生活が始まってすぐから、マンションの中での集まりや近くにある福祉センターで募集していた編み物教室にも自分で申し込みに行き、月二回老人車に編み物道具一式を積み込み通い始めた。年齢が高いこともあってか、先生や教室の皆さんにも優しく声をかけていただき、良き指導の元で着々と作品を仕上げていった。秋の地域の文化祭にも出品してもらい、その頃は生き生きと顔が輝いていた。また週二回のデイサービスにも積極的に出かけ、補聴器生活の中でも職員の方たちとも和やかな関係作りができていた。

こうして百歳を迎えるまでは思うように身体が動いていたので、一週間の生活にリズムがそれなりにあった。

朝はモーニングコールを母が目覚めた時点でしてもらい、安否の確認を取っていた。食事も、夕食に少しおかずなど運んでいたが、ほとんど自分で買い物に行き、好みのものを買ってきて簡単な料理を作っていた。

このような生活がいつまで続けられるのか、限界の日が必ずくることを思いながら見守っていたが、そんな中、大腿骨の骨折で入院をすることになった。この度は三回目の手術とあって、しかも百歳を過ぎてからの骨折で退院後は自立の生活は無理と判断し、入院中に荷物を整理し、私方宅で一緒に住むことに決めた。実母のことでもあり、お互いがまったく気を遣うこともなく、母は「私はあんたがいるから安心」とにこやかな表情でときどき言葉に出し、気持ちを落ち着かせていた。

私は夫を亡くし、息子たちもそれぞれ家庭を持ち家から出ていることで、母も気兼ねなく過ごせ、私もこうなったら最後までいい関係で母と向き合っていこう、と素直な気持ちで迎えることができた。

しかし、日が過ぎていくに従い、やはり同居となると思っていたより負担がかかってくることを思い知らされることになった。百歳までは、母はほとんど自立に近い状態だったが、退院してからは随分事情が変わってきた。つまり、私は介護のため、いろいろかかわっていたグループ活動を最低限に縮小し、どうしても長時間出かけなければならない時は兄妹に来てもらうことにした。

母は血圧が高く薬を飲んでいたが、他にこれといった病状もなく食欲もしっかりあるので、この先まだまだ長生きできる思いがあった。それならば、最期の日までなるべく快適に過ごせるようにしたい思いが湧いてきた。まず人が生きていくための三本柱である「食べること・快眠ができること・排便がスムーズにあること」を日々の生活の中で心がけた。また、自分自身が今の母のような状態になった時どうしてもらいたいかな？　と自問自答をしながら、それぞれについて対応するよう努力した。

筋肉は使わなければ弱る一方なので、骨折したとはいえ日々の運動を続けたことで、少しずつながらも歩くこともできるようになった。身体が動くことで車椅子ででも行動範囲が広がり、季節の移り変わりを眺めたり、花々の香りや葉の感触なども手にすることができた。また筋肉は鍛えればそれだけの効果があり、最期までしっかり立て、握る力もあったので、おむつをすることなく介護パンツでトイレ介助ができ随分助かった。

一方、頭の働きが、百四歳を超えると不思議なほど低下してくることがよくわかった。顔の表情も笑顔が少なくなり、眠気がどんどん深まってきた。軽い認知症の症状があるので、少しでもひどくならないようにと、百人一首の上の句を私が言うと、どの句も下の句を得意顔で続けた。食事中、眠気が出てくるとよく試みた。お陰で私は百人一首を学び直すよい機会になった。その他、算数の足し算・掛け算・英語の単語などを聞きあっている時の得意げな顔が素敵だった。

そんな中、変なことを口ばしることがあるので確かめたい思いで指を指し、「この人は誰ですか?」の問いかけに「遠藤ノリ子さんです」と返答があり、「ではどういう関係の人ですか」と聞くと、「私の長女です」「そうね」「それではこの人は何をする人ですか」と聞くと、「介添えをしてくれる人」「うーんなるほど介添えね〜」「ま〜そうね」「それではもしこの人がいなくなったらどうなると思う?」と少し意地悪な質問をしてみたところ、即答えが返ってきたのには驚きと感動の言葉だった。

端的にいえば、「めちゃくちゃ」と「ほったらかし」の短い二つの単語だった。この言葉を耳にした時、何ともいえない充実感が身体の中にじわっと伝わってきた。自分の力では何もできなくなっていることをしっかり認識していることがよくわかった。

一方で、長年かかわっていると良い面、悪い面と心を揺さぶられることが多々ある。介護者はいつも穏やかな気持ちではおられなくなり、思いがけない下痢便で悩まされたり夜間何度も起こされたり、原因のわからない唾液が流れ出たりで、いつも今どんな状態で母はいるのか頭に入れておかねばならないしんどさを抱えていることがしばしばあった。何といっても、時間に拘束されることから早く解放されたい思いはあったように思う。そんな中で、母の介護をしたことでさまざまな学びがあったことは大きな収穫だったと感じている。

これらの体験から、すぐ前に控えている後期高齢に突入する自分自身の心の準備と道標として、次のようなことを心に刻んでおきたい。母を介護して思わされたことは、物事を前向きに捉える・素直に受け止める態度・愚痴を言わない・感謝の気持ちを忘れない・「ありがとう」の言葉をにこやかに伝える、これらのことが身についているかどうかで、介護する者にとって疲れ方が随分違ってくる思いを教わった。また介護保険サービスの利用によって、ケアマネジャーを中心に計画が立てられ、訪問看護・訪問入浴・主治医の往診などをしていただき不安な気持ちが解消され、気分的に楽になり随分助けられた。

在宅で最期まで看取る場合は、まず介護者が心身ともに健康であることが第一の条件と思う。また、周りの人たちからの声かけや手紙での励ましなどで随分しんどさから救われた思いがした。それと経済的な負担がないことも、とても大事なことだとよくわかった。母から学んだことを間もなく反対の立場になる自分自身に置き換え、子どもたちの負担にならないよう心がけねばと強く思わされている。

母が天上の人となり一年を迎えようとしているが、ゆっくりした時間が与えられ、コーラスを再開し、また地域のボランティア活動で動けることの喜びを感じている。

今振り返ってみて思うことは、ある程度条件が揃えば在宅で元気で長寿を過ごすことができるように思う。自立の生活時間を少しでも長く続けられるように日々の生活の中で心がけたい。例えば、食生活のこと、適度な運動、人との交わりを大切にしながら、そこから広がる事柄に前向きに取り組んでいきたいと強く思う今日この頃である。

今後、地域の在宅支援活動がより充実し、多職種の方々の連携プレイでうまく繋がっていけば、安心して自宅で最期を迎えられるのではとの思いがしてきた。

今回このような形で応募する機会にめぐり合えたことで、自分自身のこれからの行く道に少し明かりが見えてきた思いがしてきた。感謝の思いです。

# 四人の老親の自宅介護

遠藤美子

「おはようございまぁす。追剝《おいはぎ》が来ましたよぉ」と私。「えー、今は朝か？　昼か？　晩か？」と義母。私は「朝だよー」と言いながら、羽布団をはいでいく。近頃の毎朝の義母と私のやりとりである。

義母は現在九十歳で、アルツハイマー病を患うとともに緑内障で左目が見えにくいため、要介護認定は要介護三になっている。足腰が丈夫で痛いところがないので、今は介護がとてもやりやすい。

毎朝、義母は紙パンツを脱ぎながら「重たいなー」と笑う。私は「あぁよかった。今日もばあちゃん（義母のこと）は元気だわぁ。これが軽かったら、おしっこの量が少ないということでお医者さんに連れていかないといけないのよ。ばあちゃんが元気でありがたいわぁ」と笑いながら着替えの介助をしていく。義母は「こっちこそカアさん（私のこと）

がそう言ってくれるからありがたいわぁ」と言い、二人で「ありがたや節」を歌いながら大笑いをする。

笑うことが認知症の進行を遅らせると聞いて、私は「笑いヨガ」の教室に通って、義母といる時はできるだけ大笑いするようにしている。また認知症の人には何でも肯定することと、怒らないことなどが大切だと勉強したので実践している。夫が義母に怒りたくなった時は、怒る前に二階へ上がってもらうようにしている。

これは、私の今の介護の様子であって、義母がアルツハイマー病の初期の頃はひどい対応をしていたものだ。

その頃、わが家には寝たきりの義父、八十九歳の私の父、病弱で入退院を繰り返す母が同居していて、まるで老人ホームのようであった。

義父は脳梗塞の後遺症のため、左半身麻痺《まひ》で一六年間ベッド生活をしていた。はじめの頃は左手を吊って、左足に装具を付けてあげれば一人でトイレに行ったり、食堂まで来ることができていた。義母が主に介護をして、私は食べやすい食事作りと入浴の介助をしていた。介護保険制度がない頃で、週二回の入浴は本人も私たちも大変だった。風呂場には周りを囲むように手すりを付け、湯船の中にも外にもセメントで椅子を作っていた。湯船から出る時には板を渡すようにしたり、いろいろ工夫して、何とか入浴させることができていた。

介護保険制度ができ、義父は週二回のデイサービスと週一回の訪問介護を利用させて頂くことになり、私たちは義父の入浴から解放された。しかし、その頃には義父はたびたびせん妄を起こすようになっており、対応が難しいこともあった。一番強く訴えたのが「尿が出なくて苦しい」ということ。泌尿器科で診てもらい、異常のないことを確かめて、導尿を習って帰った。「一日に六回までは導尿をしてもいい」と言われ、義父の訴えに応じて尿をとることになった。その他にもおかしなことを言うようになり、自力では何もできなくなって要介護五と認定された。義母と二人で介護をしていたので何とかやっていけた。

ところがその義母の物忘れがひどくなり、義父の訪問介護に来てくださるヘルパーさんも、義母のことを心配されるようになった。義父の薬は一週間分のお薬カレンダーに入れて義母が飲ませていたが、いろんなところから薬を取るようになった。日にちや曜日がわかりにくいようで一日に何回も尋ねるようになり、アルツハイマー病を疑うようになった。

義母を専門医に受診させることができたのは、義父が亡くなり落ち着いてからだった。やはりアルツハイマー病と診断され、アリセプトを飲むようになった。

また、義父が亡くなる半月前に私の母が脳梗塞で入院、三カ月のリハビリの末、杖で歩けるようになったが、左半身に軽い麻痺が残った。この頃から、私の介護に奮闘する日々が始まった。

義母は、いろいろな問題を起こすようになっていたが、一番困ったのは真夏の昼間の徘徊だった。午後三時くらいになると毎日出かけた。義母には「毎日歩かないと足が動かなくなる」という強い思い込みがあったので、いくら説得をしても無駄だった。「涼しくなってから一緒に歩こう」などと言って、納得させたかに見えても一〇分もすれば出かけていった。テレビで「認知症の人にはつねに肯定することがよい」と言っていたことを思い出し、介護の先輩に相談してみた。その人のアドバイスを受け、次の日は引き留めないで「行ってらっしゃい」と送り出した。そして途中で待っていて、「たくさん歩けたね。一緒に帰ろう」と迎えてみた。出かける時はいつも思い詰めたような表情をしていたが、私の迎えに表情が和らぎ、肯定することの大切さを実感した一つの経験だった。

夫とも相談して要介護認定を受け、デイサービスを利用させてもらうことにした。ケアマネジャーさんに義母の性格を理解してもらい、義母に合いそうな施設を探してもらった。隣の市の施設だが何とか送迎してもらえることになった。初めて行く日、不安そうな義母に付き添い、話し相手になってくれそうな人を探した。介護を続けていると親子関係が逆転して、この日も初めてわが子を幼稚園に入れた時と同じ思いだった。心配していたが、利用者の一人と気が合い楽しく過ごせた。その後、施設のスタッフがわが家へ義母を迎えに来てくれる時は、その人を先に乗せてきてくださり、だんだん慣れていった。今では週四回お世話になり、いろんなことに参加して大笑いしているようである。このデイサービスのお陰で認知症の進行がゆっくりになっていると信じている。

同居の父と母もそれぞれに合った施設に通わせてもらえた。父はしっかりしていたので要支援一だったが、週一回通所リハビリテーションに行くことができた。母は一回目の脳梗塞の一年後に二回目を発症し、リハビリの後、歩行器を使って歩いていたが、徐々に弱って家の中の移動も車椅子という状況になった。母は習い事が好きだったので、デイサービスも川柳教室、習字教室などがあるところを探してもらった。この施設に行っていなければ、母をずっと自宅で介護することはできなかったと思っている。最終的には週三回利用させていただいていたが、車椅子対応の車で送迎し、車椅子対応のお風呂に入れてくださった。亡くなる一年前の夏、食欲がなくなり飲み込みも悪くなった時もすぐに食べやすい食事に替えてくださり、作り方も指導してくださった。私の「自宅で介護したい」という気持ちを受け止めて、「できる限りの協力をしますから、一緒にがんばりましょう」と励ましの言葉をかけてくださり、とても嬉しかった。母は左半身の麻痺が徐々に進み、できることは自分で食べることくらいになった。排泄《はいせつ》はポータブルトイレを使用したがったので、夜も私が母の部屋に寝て介助をしていた。

月一回の母の主治医の診察の時やケアマネさんの訪問の時には、介護が大変になっていることも聞いてもらい、アドバイスとともに介護福祉用具の紹介をしていただいた。福祉用具は種類も豊富で母は一〇種類以上の用具を使わせていただいた。取り外しのきくスロープを玄関と食堂に使い、車椅子での移動ができたお陰で、母は食堂で皆と一緒に食事をしたり、本や新聞を読んで過ごすことができた。もう一つ、思いもよらないような福祉用具があった。私が一番苦手だったのは、玄関で内用から外用の車椅子に乗り換えさせることで、ケアマネさんに相談してみた。すると、天井と床との間に設置する着脱式のポールを紹介してくださった。母はそれにつかまってうまく移動し、私の車に乗って外出することもできた。三人を連れて岡山県内の花の名所をつぎつぎと訪れたものだ。

毎週火曜日だけ三人全員がそれぞれのデイサービスに出かけてくれるので、私は友達とランチを楽しむことにしていた。介護経験のある友達も経験のない友達もよく話を聞いてくれたと思う。

夫が定年退職してからは、義母と母をショートステイに預けて、一泊二日の小旅行に連れていってくれた（父は九十六歳で亡くなっていた）。旅行好きの私にとっては何よりのストレス解消となった。旅行は今も続けてくれており、夫に感謝している。月に二日だけでも介護から離れることができれば、心身共に元気になれると思う。

また、ストレスを溜めないためには、趣味を楽しむ時間を作ることも大切だと思っている。私の場合、習い事に通う時間はなくなったけど、自宅で続けられるもので十分楽しむことができた。「介護者の集い」にも時間が合えば行きたかったが、無理な日が多く、図書館の介護関係の本から学ぶことが多かった。

父が亡くなる前に半年入院し、毎日病院に見舞いに行きながら、要介護三の義母、要介護四の母の介護を続けていた時が一番大変だった。しかし三人は私を頼り切り、私がしてあげることに必ず「ありがとう」と言ってくれた。だから私は、どうにも手元から離すことができなかった。

家族や母の主治医、ケアマネさんや友達に弱音を吐きながら、知恵と技術を授けてもらえたので自宅での介護が可能だった。今、義母一人の介護となって、余裕もあり、知識もありで、自慢の自宅介護を続けることができている。

# 神さまの贈りもの

岡本すみれ

夫の両親と同居したのは今から二五年ほど前のこと、七〇代も半ばを過ぎた舅が長い会社勤めを辞め、姑は持病のパーキンソン病が悪化したときだった。

そのときの舅は新しい生活に張り切っていた。列車とバスを乗り継いで姫路市の老人大学へ通い、家ではラジオで放送大学を受講し、レポートを提出していた。一日に何度も家の周辺を散歩したり、家の前に立っては前を通りかかる人にニコニコと声をかけたりしていたから、顔見知りが少しずつ増えていった。家の中だけで過ごしている姑とは対称的だった。

私たち夫婦の結婚以来二〇年間、姫路と神戸で少し離れてそれぞれ気楽気ままに暮らしてきた。しかし、年月を経てからいざ同居するとなるとなかなか難しい。中学生と高校生になっていた息子たちは、幼い頃のような「かすがい」にはならず、舅の意欲に反して、途中からの同居は何かと困難が多かった。帰宅の遅い夫は一緒に夕食をとれなかったから、五人で囲む食卓の会話はいつも弾まなかった。

夫やその姉妹たちは、「子どもの頃から父親が怒るのを見たことがない」と口を揃えた。ところが、同居した舅は気に入らないことがあると、「わしを馬鹿にするのか」と身を震わせながら怒った。〈まるで瞬間湯沸かし器だ〉と私は内心思っていたが、振り返ってみるとそれは認知症の兆しだったのだ。

徐々に物忘れがひどくなっていった。

ある晩、「わしの部屋に見知らぬおばあさんがいる」と言ってきた。部屋へ行くと姑しかいない。「大切な奥さんじゃないの」と笑うと、「お母さんはあんな年寄りとは違う」と譲らなかった。

買い物から戻ると、家中のプラグが抜かれていてあちこちで時計が点滅している。「どうしたの？」と聞くと、「危ない。火事になる」と怒った顔で答えた。職業柄、防災意識が強かった。戸締りも大層気にかかり、「玄関の鍵をしっかりかけたか」と夕食をすませてから就寝するまでの間に何度も確かめに来た。

それでもこの頃までは、大して手助けしなくても日常生活を何とか送れていた。

二〇〇〇年春、部屋の敷居につまずいて転倒し、怪我をして一カ月余り入院した。それ以降、症状は一挙に進み、生活すべてに介助が必要になった。

朝と夕方の舅の世話をヘルパーさんにお願いした。その間に一日の家事の大半をすませた。そして、舅が起きている間は、舅が見える場所にいるようにしていたが、舅のそばを少し離れなければできない用事もある。「ちょっとお昼ご飯作ってくるね」などと眼を離すと大変なことも起こった。

舅はトイレの場所もわからなくなっていたから、尿意を感じると車椅子から突然立ち上がり、縁側から庭へ向かって放尿する。ところが庭へは飛ばず、衣服も縁側も車椅子までビショビショだ。何をされるのか不安で着替えを嫌がり、「殺されるー」と叫んで暴れる舅を着替えさせるのは一仕事だった。

この頃は、日中の大半を舅の排泄の世話とその後始末に費やしているように感じられ、〈徒労を重ねる〉という思いが消えなかった。労《いたわ》りや感謝の言葉、何よりも「ごめんね」を舅の代わりに姑と夫に言ってほしかった。

息子二人は社会人になって家を離れていった。いくつかの病気を抱える姑は自分の身のまわりで精一杯だったから、舅の世話を手伝ってもらうなどまったく当てにできなかった。「夫は職場で仕事。介護は私」と、夫婦分業でわが家の暮らしが成り立つと私は納得していた。一方、夫は「パートの介護要員」と自称し、就寝させるのを手伝ってくれた。

だが、日中の舅の世話はほとんど私一人で引き受けるしかなかったので、四六時中家を離れられなくなった私の暮らしはいろいろな制約を受けた。

長年続けた「万葉集講座」やお菓子作り教室の受講をやめた。遊びに誘われても出かけられない。「あなたの都合を聞いても、おじいさんがどうのこうのという話ばっかりね」と言った友人もいた。

介護専業を納得したつもりでも、家族の中で私だけが暮らしを変えなければならないのを理不尽と思ったりもした。

そんな日々が続くと、舅と私だけが世間から隔てられているかのような気がしてくる。ヘルパーさんの訪れは、社会につながる唯一の窓が開かれた時のように感じられた。ヘルパーさんたちとの間に信頼関係ができていくのも嬉しいことだった。毎月利用したショートステイのお陰で舅から解放される数日間は、気がかりなく命の洗濯のできる有り難い、嬉しい時間だった。

両親を看取った経験をもつ知人が、「いろいろあるけど、終わり良ければすべて良しや」と励ましてくれた言葉は忘れられない。

舅は次第に物を言わなくなり、そのうち歩けなくなり、車椅子にじっと腰かけて静かに一日を過ごすようになった。

「おいくつですか」と尋ねると、いつも掌で額をパチンとたたいて恥ずかしそうに笑った。また、身のまわりの世話をされる度に、「ありがとう」と言う代わりに両手を合わせて頭を下げた。じゃんけん遊びや握手をするのを喜び、とても好い笑顔を見せた。

そんな舅がある日「あんたに世話をかけすまんのう」とはっきりした言葉で突然言った。「かまへんのよ」と答えながら涙が流れた。一瞬だけ認知症から解き放たれた舅がその瞬間を使って労りの言葉をくれたのだ。

自力で暮らせなくなり、手助けがいるようになってからの舅を見ていると、それまでと違って〈この人は元来、明るく、ひょうきんで、優しい性格なのだ〉と理解するようになった。それどころか、私はいつの間にか、舅との暮らしを〈なかなかよいものだ〉と思えるように変わっていた。舅と過ごす穏やかで暖かな日々が〈いつまでも続いてほしい〉と願うようにすらなった。

二〇〇五年二月二十八日に舅は九十三歳の誕生日を迎えた。家族の誕生日をこんなに嬉しいと思ったのは初めてだった。わくわくしながら、大量の苺《いちご》大福を手作りした。舅を支えてくれるヘルパーさんのチームに感謝の気持ちをどうしても伝えたかった。〈このままあと七回の誕生日を迎えさせたい〉と思った。

けれども、その願いが叶わぬうちに別れはきた。舅は恐怖に苛《さいな》まれず、安らかに死を迎えられた。また、十分に生き、何の心残りもなく逝ったと傍目にも思われた。別れは寂しいが辛くはなかった。〈し残したことがたくさんあっただろうに〉と思うほど、遺された者にとって辛いことはない。

　格闘し、寄り添い、次第に心を通わせ合えた五年間は、神さまの何よりの贈りものだったと今はわかる。

# 介護生活を支えたモノたち

かぶらぎみなこ

六十九歳の誕生日を迎えた直後、父が倒れました。

もともと若い頃から糖尿病を患い、また六〇代になってからは人工透析も受けていた父ですが、その延長でおきた脳梗塞でした。そしてこの日から、五年近くに及ぶ介護の日々が始まりました。

右も左も勝手がわからない介護の世界は、家族にとってまさに手探り状態。次にどんなことが起こるのか、まったく見当がつかない不安な日々の幕開けです。

倒れた当初、軽度の言語障害と左半身の麻痺を患った父は、退院後は自宅で懸命なリハビリを行い、再び社会復帰できる日を望んでいました。しかし、現実は父にも家族にも厳しいものでした。

倒れてから二年目、今度は緑内障が悪化し、ついには治療や手術の甲斐もなく、失明してしまいました。目が見えなくなった途端、父は日常生活の大半がこなせなくなり、家族にかかる負担が一層大きくなりました。

食事の介助も、移動時の手伝いも、入浴も、そしてついにはトイレの世話も、生活全般を家族が補いました。しかしどんなに周囲ががんばっても、体が不自由になった父は感謝するどころか、逆に苛立《いらだ》ちが高じてまったく協力的ではない。さらには光を失ったために昼夜の区別がつかず、夜中に何度も家族を起こしては困らせました。

睡眠不足に加え、体格の良い重たい父を支えるため極度の疲労に陥る家族。時には倒れることがあっても、訪問介護やデイサービスなどを利用しながら、何とか綱渡りのように、日増しに不自由になっていく父の体を支え続けました。

そんな時期、家族の励みになったことが二つあります。一つは近所の人々の存在。商売を営みながら、休みなく介護をしているわが家の大変さを察して、代わりに病院へ車で父を運んでくれた方がいたり、気晴らしに車いすで散歩に連れ出してくれたり。また柔らかい食材を用いた食事を毎回作っては、父のために届けてくれる方もいました。手先が器用な人は、家中に手すりを設置してくれたり、洋服を脱ぎ着しやすいようにファスナーなどをつけてリフォームしてくれたり。そして床に倒れ込んだ父を起こせなくて困った時などは「レスキュー隊の要領で、毛布を担架代わりにして運ぶといいよ」と、そんな知恵を授けてくれたり。

身近な人たちの協力や知恵は、在宅介護を続けるうえで、大きな支えになりました。

そしてもう一つの心の支えは、この経験が他の誰かの役に立つかもしれないとの思いを込めて、ブログを綴っていたことです。

ある時、ふと「なぜ私が介護をしているのか」という疑問が、頭に浮かびました。私は、介護はおろか、子どもやペットの世話もしたことがない。なぜ、いきなり大人の面倒を見ることになってしまったのだろう。そんなこと、できるわけがない。それに世の中には、親の介護に縁のない人もいるのに。考えれば考えるほど、なぜ私がと、答えの出ない問いが浮かびました。

その内に「私は（イラストレーターという職業柄）絵やルポを描くのは得意だけど、人の世話は……」と、そこまで思いが至った時、突然閃《ひらめ》いたのが、この介護経験をわかりやすくイラストを添えてブログに綴ることでした。

実際に自分が経験して身に沁みた「こうしたほうがよかった」とか、「そのほうがお得だった」とか、「もっと早く知っていればよかった」と思う情報やコツを事前に伝えられたら、これから介護をする人たちに多少なりとも役立てられるのでは？

「そうだ。せっかく、絵やルポが描ける人間が介護をしているのだから、自分の特技を生かした介護をしてみよう」

そう思い、実際にブログを立ち上げた直後から、辛く厳しかった介護の日々が自分にとってとても有意義なものとなり、また何があってもどんとこいというような勇気が湧いてきました。それは気持ちの持ち方一つで、介護の日々が色を変えることを学んだ出来事でもありました。

その後の介護の日々も、一つの波がきたら、何とかそれを乗り越える。しかしまた新しい波がきて……と、まるで何かからつぎつぎと試練を与えられているようなことの繰り返しでした。

それでも何とか工夫して、少しでも長く父を自宅で介護してあげたいと奮闘してきましたが、介護を始めて三年と八カ月が過ぎた頃、今度は父の右足が壊疽《えそ》をおこし、生きるか死ぬかの大手術の末、切断を余儀なくされました。それと同時に、父は食事を受けつけなくなり、鼻にチューブを通した経管治療を行うことになりました。

眼も見えず、食事もとれず、片足がない状態になった父を、自宅で看ることはもはや不可能です。何とか工夫して、気持ちも前向きに立て直して、ずっとがんばってきたのに。もう少し何とかできたのではないか、私たちのやり方がおかしかったのではないかと、家族が自分たちの至らなさを後悔していた矢先、病院の看護師さんがやってきて、こう告げました。

「これだけの状態の患者さんをご自宅でずっと看ていらしたなんて、本当に頭が下がります。皆さんは限界を超えた介護をしていらしたんですよ。介護は携わっている人みんなが、笑った状態でいられるのが一番理想です。あとは病院にお任せください」と。

現場のプロの方に言ってもらったこの一言は、家族のつかえを取るのに十分でした。自宅で看きれず、病院に預けることになってしまったという罪悪感は、この優しい言葉で払しょくされ、今後の病院生活においても大きな励みとなりました。

私たち家族は、突然降りかかってきた介護の日々を、十分に乗り切った。この後はみんなが笑って、父に優しく接することができるよう、父を病院に任せよう。

介護五年目の今、父は療養型病院のベッドの上で過ごしています。もうほとんど声を発することもなく、体を動かすこともなく、寝たきりの状態です。それでも頭と耳は健全に機能しているので、毎日病室に足を運んではいろいろな世間話をしたり、できる範囲のケアをしている日々です。

そして同時に、この病院で父と過ごす時間は、不思議と心が柔らかくなるひと時でもあります。

介護は確かに大変です。地獄絵図のような修羅場や、人間関係のトラブルもたくさんありました。時には金銭的な問題も浮上します。しかし反面、こんな心穏やかで優しい側面もあります。介護の現場は実際に体験した人でなければわからない奥の深さがある、そんなふうに思えるこの頃です。

そして、そんな体験や実用的なコツを綴っていたブログが、出版社の方の目に留まり書籍化の話も出てきました。「転んでもただでは起きないね」と笑う人もいたけれど、確かに悪いことばかりでもない。そして本の出版は、父の心を慰める、最後の親孝行になるかもしれないとも思っています。

介護を通じて、人生は良いことも、辛いことも、ちょうどいい塩梅で収まっているなと、知ることができました。そして介護は、最後に親とゆっくり向かい合える、優しくて大切な時間でもある、そう今では思います。私の得てきた経験や、かけてもらった言葉が、これから先も誰かの役に立てればいいなと、そんなことを願いつつ、今は本の出版を父と共に楽しみに待っている日々です。

# シェア

川原あみな

団塊ジュニア世代の私は十八歳で家を出て、それから国内外を転々とし、三十半ばで海外から日本に戻ってきた。母が子宮がんで長期入院することになり、また父も半年前からがんに罹《かか》り、さらになぜか歩きも不自由になり、ケアが必要だったからだ。

そこで私は初めて介護生活を経験したのだが、この時のことはほとんど覚えていない。海外での仕事の大量の残務整理をしながら長距離通勤をし、手術後の母の見舞いに行き、買い物に行けない父に代わって家事をし、犬の散歩をした。そんな中、隣に住む祖母も亡くなった。この時は激しい状況の変化と忙しさで自分に何が起こっているのか理解を越えていたのだろう。それに父も足が悪いとはいいながらも、レトルトカレー、カップ麺くらいは自分で作って食べることができた。

私は残務整理を終え、しばらくして実家の近くに転職した。海外での仕事は好きだったからかなり迷ったが、今後父も母もさらに具合が悪くなって、私が何かしらのケアをしなければならない時期がくるだろうと思ったからだ。

母のがんの五年後生存率は二〇パーセントとかなり進行していた。母は子宮摘出手術の後、半年間抗がん剤治療を受け、髪も眉毛《まゆげ》もすべて抜けてしまったが、そのうち毛も元通りになり、体力も戻って元気になり、週何日かの仕事にも戻り、地域活動や趣味の旅行を楽しめるようになった。

父のがんはすぐに生死にかかわるようなものではなく、定期的な治療を受けていればよかったが、がんとは関係なく歩きがおぼつかなくなり、また言葉も出にくくなっていった。私は日本で新しい仕事に就き十数年ぶりに父と母と平和な時間を過ごした。

それから二年後、母のがんが再発した。この時は六カ月間の抗がん剤治療を必要としたが、一カ月に数日入院するだけだったので、私も大変ではなかった。母も抗がん剤との相性はいいのか、毛が抜けるだけで辛い副作用はなかった。母が家にいるときは、歩く力と話す力の衰えた父を闘病中の母が介護し、この時、私はほとんど父のケアをしなかった。

しかし母の抗がん剤治療も空しく、治療が終わった二カ月後にがんが転移し、母は余命半年の宣告を受けた。ここから突然、私の両親二人の介護生活が始まった。

母はわずかな可能性にかけ、家から約二時間かかる、最新の放射線治療ができる病院に入院。検査に付き添い、検査結果を聞きに行き、治療方針の打ち合わせをしたり、見舞いに行ったり、幾度も私はその病院に通った。信じたくないけどあと半年と思うと、できるだけのことはしたかった。そして家に帰れば父のケアが待っていた。この時、初めて父は要介護認定を受け、要支援二の判定だった。ヘルパーさんは週に二日しか来ないから、それ以外の日は私が介護と家事をしなければならなかった。仕事に行き、入院中の母をケアし、家では父のケアをした。私にとっては、仕事の昼休みだけが、すべてを忘れられるほっとできる時間で、他に自分の時間はなかった。

私が両親二人の介護をする中で、母は私が毎日何をしていてどのくらい大変なのか、すべてわかっていた。それに対して父は、自分のことしか興味がなく、人への関心が薄かった。母の介護は、わかってくれるというだけで精神的な苦痛はなく、純粋に体力の消耗だった。一方、父の介護はあれやこれやと要求も多く、私が日々何をしているか理解しようとせず、ストレスの多いものだった。

母を見舞うと、私は必ず父の介護の愚痴を言った。母が闘病中だとはわかっていたが、言わずにおられなかった。それに母が、父の大変さを知る唯一の人物だった。母は自分の状況はさておき、私の話を聞いてくれ、私は癒やされ家に帰った。要は甘えていたのだ。

それでも私が母に甘えられないことがあった。それは、母が亡くなったらどうすればよいのかという私の悩みを吐露することだった。お葬式、さまざまな手続き、家のお金、父の介護を母なしで一人でやっていけるのか。不安はきりがなかったし、誰にも聞けなかった。生き続けるために大変な努力をしている母には絶対に聞けなかった。それに父はまったく頼りにならなかった。

私のそんな不安も知ってか、ある日、母は病室で「お葬式のことは伯父さんに聞きなさい」と一言言った。私は「はい」と言った。

それから二日後、母は亡くなった。

不安だったお葬式も、母の忠告通り伯父さんのアドバイスを得て、無事に終わった。やってみれば何とかなるものだった。

そして、私の一人介護生活が始まった。

私は日本に戻って来る前、途上国の田舎によく行っていた。そこでは、足の悪くなったおじいさんが集会場に敷かれたござの上にひじをついて横になり、村の男たちの話し合いを聞きながら、ときどき意見を言ったり昔のことを話したりして、村の重鎮として存在していた。おばあさんは家の前の木陰に座り、米や豆のごみを除けながら、遊ぶ子どもたちを見ていた。転んだ子がいれば誰かに知らせるし、子どもたちもおばあさんの様子をさりげなく見守っていた。事情があって子どもを育てられないお母さんがいれば、親戚のおばさんが育てたりもしていた。お金も制度もないけど、何かしら困ったことがあればみんなで支え合っている社会がそこにはあった。老いること、育てること、つまり生と死を老若男女でシェアしているコミュニティだった。

随分と日本を離れていた私は、両親にケアが必要になったら、途上国みたいに誰かが手を差し伸べてくれるだろうと思っていた。

ところが、現実はまったく違った。兄弟や親戚は、子育てやら仕事やら趣味やら地域活動で忙しくしていて、私が助けを求めても逃げていくようだった。そこで、ある意味途上国の豊かさと日本の貧しさを思い知った。

両親二人が同時期にケアが必要になり、助けてくれる人もいなく、肉体的にも精神的にも追い詰められた私は、この現状を抜け出そうといろんな人に相談した。

まずは同世代三〇代の友達に相談したところ「介護は人に任せなよ」という答えだった。この至極まっとうな一〇〇パーセント正しいアドバイスに私は失望した。その時、父は要支援二で、これ以上任せられないというほど限度額めいっぱい介護保険サービスを使っていた。それにヘルパーさんはいろいろ助けてくれるけど、事業所との契約、ケアマネさんとの打ち合わせ、ヘルパーさんができないこと＝父の部屋以外の家の掃除、庭の掃除、犬の散歩は自分がやらなきゃならなかったし、加えて、母が亡くなったことにより、さまざまな手続きをしなければならなかった。鬱の人に「がんばれ」と言ってはいけないというが、その時の私は「人に任せなよ」と言われても、任せられないこともたくさんあるし、もうこれ以上任せられないよ、という気持ちだった。今思うと、大変さをわかってほしかったのだ。

介護経験をもつ人にも相談した。「介護される人のニーズに応える必要はあるけど、要望に応える必要はない」。これは有益なアドバイスだった。おかげで、父にとって必要不可欠な食事とか健康を保つこととかのケアはするが、例えば、趣味とか社交とかやらなくても生死に関係ないことは私に余裕がなければしないことにした。また「介護は進学、就職、結婚のような人生の転機だから、はりきって取り組んで」というアドバイスもいただいた。これはうまいことを言ったものだ。介護は災難ではなく、人生の新しいステージなのだ。目標に向かってひた走れば何かを達成できるような青年の論理が通用しない、いつ終わるかわからない、だからこそ及第点で自分を褒める、そんな成熟した心構えをもたなければ乗り切ることができない課題だ。

私はこれらの言葉を胸に秘め、絶望しないで、働きながらの介護生活を送った。

時には、父が隣の部屋で転んだのがわかっても私も疲れていて起き上がれず、夏だから転んだままでも死にはしないと、二人で、家でしばらく倒れていることもあった。

そんな介護生活が三年くらい経ったところで、私に余裕が少しできたのだろう。ヨガを習い始めた。それで不思議と自分を客観的に見られるようになった。

まず、家にいるとまったく気が休まらないことに気づいた。いつも父のことが気になり、つねに気を張っていたのだ。だから、できるだけ家を離れる時間を作るようにした。

また家では、自分の呼吸が浅く、変に力んでいたりすることに気づいた。それからは、深呼吸し力も抜くよう心がけた。

こうやって身体を柔らかくし、脱力を覚えることで、介護をしていても身体も心も少しずつ楽になってきた。

それから一年くらい経ち、父は自宅で生活することが難しくなって、施設に入所することになり、私の在宅介護生活が終わった。

在宅介護は大変だ。自分の身近な人が病気になり死に近づいていくのに寄り添う辛さがある。また、いつ終わるかわからないことで精神的にも体力的にもきつい。それに加えて、きつさをなかなか人にわかってもらえない。

途上国の田舎みたいに、そのきつさを子どもから大人までみんなで負担すれば、それは確実に軽くなる。

私も親戚や友達にわかってもらえずに落ち込んだ時もあったけど、目先を変えたらわかってくれる人がいた。それは総じて六〇代以上の女性や介護経験のある人だ。その人たちは話を聞いてくれ、心労を和らげてくれた。

今、介護をしていて誰もわかってくれないと思っている人、またこれから介護をする人は、わかってくれる人に話して、重荷を少し降ろしてほしいと思う。また私も、誰かの重荷をシェアできればと思うのだ。

# 母と暮らして

剣持鈴代

平成二十六年十月十八日、母は百四歳の生涯を閉じました。母を看取り、私は小さな充実感を覚えています。

一二年前、私の父と夫の両親はすでに亡くなっていましたが、九十三歳だった母は元気で、一人暮らしをしていました。「夜が怖い」と言うようになり、姉宅に母の部屋もありましたが、諸々の事情で私が母の世話をすることになりました。息子と娘が小さい頃、母に子守りをしてもらったので、私は仕事を続けることができました。今度は私の番との思いを、夫が何も言わずに同意してくれたことは私の心の大きな支えになり、私たち夫婦、息子、母との賑やかな生活がスタートしました。

当時、三人とも勤めていたので、平日は朝の出勤時に、私の車で二〇分ほどの実家まで母を送り、夕方また一緒に帰宅する毎日でした。

母は日中、近所の人とお茶飲みしたり、テレビを見たり、のんびりと自由気ままに過ごしていました。ときどき参加する老人会の行事や、内科と眼科の定期受診、スーパーの買い物も一人で歩いて出かけていました。

そんな生活が続く中、実妹や友人との悲しい別れもあり、出かける場所が少なくなってきて、週一回デイサービスを利用することになりました。その時、相談にのってくれたケアマネジャーとの出会いが母の幸運の一つで、最後までお世話になりました。

転倒して肩にヒビが入ったり、足の捻挫《ねんざ》や打撲で整形外科医院にはたびたび連れていきました。でも血圧が少し高い程度で、寝込むことがなかったのは、ありがたいことでした。

楽しみが減ってきても、一人暮らしをしていた娘が顔を見せると、ますますおしゃべりになり、孫の存在は大きな生きがいになっていたと思います。長生きしたからこそ、孫の結婚式に参列できた喜びもあり、どうせなら〝明るく元気な百歳〟を目指そうと母に話しました。しかし、思うようにはいきませんでした。

忘れもしない平成十九年七月十六日「海の日」でした。九十七歳の母がいつものコースを散歩中、自転車に追突され、遠方の救急病院に搬送されました。右大腿骨骨折、全身打撲等で、医師から危険な状態だと告げられたショックは、昨日のことのように思い出されます。右足は高くつり上げられておもりがつき、顔は腫《は》れて血だらけで、普段気丈な母が

「痛い、痛い」と叫んでいたのは、よほど辛かったのだと思います。

できる限りの看病をするために転院した近くの病院でも、「痛みを取るには手術しかない」「手術に耐えられるかわからない」「寝たきりになるリスクがある」等々、落ち込むことをつぎつぎ説明されました。選択肢はなく、覚悟を決めるしかありませんでした。長時間にわたる手術で、右足は平らになりましたが、太股《ふともも》と膝には金具が入って、踵《かかと》までギブス、右手もギブスで固定され痛々しい限りでした。

命の危険がなくなるまでの三週間、私は朝から晩まで、ほとんどの時間を病院で過ごしました。完全看護でも母はナースコールを押せないし、ケアマネから注意された認知症予防もありました。目を開けた時は努めて話しかけましたが、事故前後の飛んでいる記憶を埋めることはできませんでした。三カ月前に生まれた娘の長男、私には初孫、母にはひ孫の成長が、命の危険と闘う大きな原動力になり、医師や看護師他、スタッフの方々にも恵まれて、危険は遠ざかっていきました。

別の病院でリハビリに励むことになり、初めはベッドからの移動もままならなかったのが、指導のお陰で、また歩くことができるようになりました。担当医から、「奇跡的な回復力」と驚かれ、事故から五カ月、無事に退院になりました。

退院後は要介護二になり、わが家から近くのデイサービス施設に変え、週三日利用することになりました。一番の高齢者の母は、スタッフの方々に大事にしていただき、自分の新しい居場所を見つけたようで、楽しんで通所してくれました。

退院直後はバランスをくずし、転倒して怪我をすることもありました。思うようにならない足を母は嘆いていましたが、訪問リハビリを続けているうち、少しずつ足腰がしっかりしてきたのはうれしいことでした。

そして、目指した百歳の誕生日を迎えることができました。市長さんがわが家に訪問してくれ、起立して慶祝状と記念品をいただきました。長生きの秘訣を聞かれた母は、「くよくよしないこと」「嫌いなモノは食べないこと」と市長さんに話し、笑いを誘っていました。一時は命が危ぶまれたのに、そこそこ元気で目標を達成した生命力の強さには、親ながら感心しました。女の子のひ孫も増え、息子の結婚式にも参列でき、お祝い続きの年でした。

翌年の百一歳の時、腰の圧迫骨折で動けなくなり、入院になってしまいました。

少し前から、物忘れや錯誤、感情の高ぶりがあったものの、大したことなく過ぎていたのに、環境が変わったからか、同じ人なのかと疑うくらい人格が変わることがありました。他人に対しては、「ありがとうございます」「お世話になります」と言っていた言葉が、まったく出ず、病院のスタッフに怒ったり、罵声を浴びせ、周り中を困らせました。何とか動けるのを待って退院させたら、不思議なことに落ち着いてきました。高齢者特有の症状には戸惑うばかりで、要介護三になったこの頃からだんだん手がかかるようになりました。

寝たきりにならないよう、転倒防止には気を遣いました。母は夜中にトイレに起きていたので、わかるようにベッド下にセンサーマットを敷きました。二階で寝ている私の枕元でメロディが流れると、母の所へ行き、ベッドからトイレまでの往復を見守りました。朝方鳴るのはいいのですが、寝入りばなや一晩に二回も鳴ったり、寒い冬はさすがに辛いことでした。トイレの前で寝ぼけ眼で待っている間、「何で私だけこんなことをしなければならないのかな」と恨むこともありました。そんな時は、「神様は耐えられる試練しか与えない」という言葉を思い出し、自分に喝を入れていました。

それより参ったのがトイレの失敗で、動作がスローになり、間に合わないことが出てきました。初めての時、私はパニックになり、「言ってくれればいいのに」と文句を言いました。でも逆効果で、「気がつかないお前が悪い」と頑なになり、後始末が余計大変になりました。母は他人にモノを頼むということをしない人だったので、今さら母の性格は変えようがないと思い直し、それからは母の動きをよく観察して、モゾモゾするとすぐ声かけをしました。よく考えたら、失敗した時は、私より母のほうが歯がゆいんだと思えるようにもなりました。

夫は退職後、母の世話も協力してくれたので、私は週一～二日の仕事、地域の役員、趣味や運動を楽しむ余裕もできました。

市広報で「シニア川柳募集」の記事が目に止まり、元気な高齢者がテーマだったので、母のことを形に残しておきたいと思いました。夜、私の帰りが遅い時、母は寝ないで待っていて、「いつまで遊んでいるんだ。心配で寝られりゃしない」とお小言をもらいました。そのことを詠んだ初めての句「孫のいる六十娘にまだ説教」が、介護予防サポーター賞という特別賞をいただいてしまいました。川柳が趣味に加わり、介護予防サポーターにもなり、母を通して新しいことにも挑戦できました。

夫の協力があり、私は自分の時間が増えましたが、逆に夫のストレスが心配でした。母の環境を変えたくなかったので、ショートステイ利用は消極的でした。年一回、夫の慰労旅行の時は、割り切ってお世話になりました。少し離れると新たな気持ちで母に接することができたので、気分転換には役立ちました。百三歳の誕生日の一月二日、毎年恒例の誕生会に家族が集まり、主役の母は上機嫌で、ひ孫たちに飛び切りの笑顔を振りまいていました。疲れが出たのか、その反動で寝込んでしまいました。Xデーがチラッと頭をかすめましたが、数日で回復したのには脱帽しました。

でも、これを境に、通院から往診になり、車いすでの移動が多くなりました。要介護度が五になったこともありましたが、食欲はあり、ひ孫たちに元気をもらって、百四歳の誕生日も賑やかにお祝いができました。

夏頃から睡眠時間が増え、食が徐々に細くなりました。母の変化が見られましたが、九月には市内長寿者十番目で、市議会議長さんに訪問していただき、車いすに座ってですが、対応できました。

十月四日に生まれた息子の二女、四人目のひ孫を十一日にだっこして喜んだのもつかの間、命のバトンリレーを果たしたかのように大往生したのは、その一週間後でした。私の知らない苦労もあったでしょうが、苦しむことなく、穏やかな顔で眠るように逝き、安堵しました。

介護は、いつまでという期限がないから、できることだけをすればよいと考えてきました。それでも母優先の数年間でした。愚痴を聞いてくれた家族や友人、フットワークのよいケアマネ他、母にかかわってくれた多くの人に恵まれ、支えられていたからこそ、在宅介護を続けることができました。

母と暮らして、人生や家族のあり方を考えるようになり、人を思いやる心も芽生えてきたと思います。人間のできていない私を少し成長させてくれ、母は五五年前に亡くなった父の元に旅立ちました。お疲れ様でした。そして、ありがとうございました。

# 優しい気持ちで朝を迎えよう

サトウアツコ

佳作　100

二〇代といえば、結婚、子育て……と考えるはずですが、私に待っていたのは曾祖母の介護でした。周りからは、どうしてあなたが介護をするの……といわれることもありました。

祖母が老老介護で倒れて入院してしまい、考えている暇なんてなかったのです。

二十二歳から、三年間。祖母が美容師であるおかげで、自宅で仕事をしながら美容学校の通信課程に入学し、春と夏のスクーリングに通わせてもらい、やっとの思いで美容師の資格をとり、美容師となって、わずかの出来事でした。

二十四歳で、まさか自分が介護をするなんて思ってもいませんでしたので、正直、初めは戸惑いました。

大正生まれの曾祖母は、戦争を体験し、貧しい暮らしのなか商いでごはんを食べてきたのですが、曽祖父をがんで亡くし、私の母と一緒に仕事をするようになっても、さみしさがあったのでしょう。素直になれなくて、家族と衝突することもありました。

少しずつ、みんな曾祖母と距離を置くようになっていったのです。

脳梗塞になって、車いす生活になっても、文句は絶えず、どうしたら穏やかに過ごせるのか、考える日々でした。悩んでも、答えが見つかるはずもなく、人は変えられなくても自分は変わろうと思いました。

今まで以上に、感謝したのです。朝早く起きること。料理すること。洗濯すること。掃除することで、自分の心もピカピカになるように、笑って過ごそうと行動に移しました。

週三日、通っていたデイサービスの方々はご利用さんとして、私たちからすれば、サービスを受けているというのにありがとうと言葉にして曾祖母に声だけでなく、気持ちを込めて話してくれていました。

それまでの介護のイメージが、ガラリと変わりました。どこか、閉鎖的だったものが、とりはらわれてゆくかのように、あったかい気持ちのやりとりが目に見えたのです。

自宅で働く私にとって、介護できる環境はよかったのですが、介護一年目に祖母の具合と曾祖母の介護で毎日、頭がいっぱいでした。

時間も早く感じました。二本の足で立っていることが、やっとでした。

でも、泣きごとをいっても前には進めない。

ちょうど、その頃、雪が積もる毎日でした。

雪国のため、雪が降れば雪かきをしなくてはいけません。たくさん降り積もる雪を見ていると、自分に重なるのでした。どんどん増えてゆく課題を、足元から少しずつかき分けて、さみしい気持ちをとかすのも、あったかい気持ちだということに気づくのです。

実際、どの家庭でも一人で介護している人が多く、ご家庭の協力があれば、心の負担も少しは軽くなるはずですが、共有することと、歩み寄ることはむずかしいのかもしれません。

一度だけ、真夜中に曾祖母の声がしたので部屋へ行ってみると、ベッドから落ちてしまって戻ることができなくて、その場に横たわる曾祖母の姿がありました。急いで、身体を起こして、痛いところがないか聞きました。

幸い怪我もなく、手を貸してくれる人もなく、曾祖母を一人で抱えてベッドに戻すと、安心したのでしょう、スヤスヤ眠ってしまいました。両手に残る、命の重み。

その寝顔を見ていると、いたたまれない気持ちになり、介護をする者だけが苦しいわけじゃなかったんだ。看てもらう側も、手足の自由を奪われ、私なんかよりずっと苦しかったと思うと、動ける私は自分の身体に感謝し、曾祖母のために生きようと思ったのです。

同じことを何度も話すようになって、毎年認知症も進みます。何十回、同じ話をしても初めて聞いたかのように、私が質問することをあれこれ考えます。

認知症は、忘れてしまう病気ではなく、私たちが本人を認めて、知るための病気なのだと解釈することにしました。

治療薬は、心なのかもしれません。いつだったか、曾祖母に「そこの人形が、おどってる」と、いわれた私は、

「その人形、笑ってる？」と、聞くと、

「うん」と、曾祖母がいうので、

「ばばちゃん。人形が笑ってるってことは何かいいことがあるのかもしれない。でもね、その人形は、心のキレイな人にしか見えなくて、私には見えないから、まだまだ修行が足りないみたいだ」と、私がいうと、曾祖母は人形の話をしなくなりました。

一人の人間として、向き合うことの大切さに気づかされました。

言葉のキャッチボールは、相手の心を知ることができるなら、忙しい忙しい……とか、時間がないとかいわずに、少しでもいいから、キャッチボールしてみようと思いました。

すると、心にゆとりが生まれます。

それまで、ギスギスしていたことも、相手が今、何を求めているのか知ることで喜びに繋げることもできるからです。

一日をベッドの上で過ごし、身体も弱くなり気も弱くなっていました。

「早く、お迎え来ないかな」と、何度もいわれました。

「ばばちゃん。今日を生きたくても、生きれない人もいるんだよ。命が、尊いことは戦争を体験したから、わかるでしょ？」と、少し強くいってしまいました。

亡き曽祖父が、がんになってしまったとき、病気になったのがオレで良かった、といったそうです。それほど、家族を大切に思っていたのでしょう。

自分のことより、大切にしたいものがある人は、弱くない。強く生きられるのです。

きっと、曾祖母は、お世話になっていると思い、だんだんと申し訳ない気持ちになってしまっていたのでしょう。

それなら、お世話しているようにみせなければいい……。

言葉のちからを借りることにしました。

「今日も、一日ありがとうございました。明日も、一日よろしくお願いします」

と、一日の介護が終わるたびに言葉にして、お互いが、お互いを支えることで心のバランスを保てているんだよ……という気持ちを込めながら伝え続けました。

介護に、先のことなんてわかりません。途方もなく、気が遠くなるように感じてしまうのは誰にでもあることです。

休みなどない生活ではありましたが、年に何度か気分転換する日をもらって、ショートステイを利用させていただき、明日からまたがんばろうという気持ちにもなれたのは、私にとって救いでもありました。

これから、高齢社会は進むわけですが、希望がないと思えばなくなってしまいます。真面目な人ほど、うつ病になりやすく、自分を責めてしまうことで、介護する側の心のケアも必要になってきています。

パーフェクトを目指すことより、お互いが自分らしく生きてゆくことを考えると、ゆずりあって生きるポイントが見つかるはずです。

パーフェクトより、楽しむ心で……。

最初は、私たちの間にも深い溝がありました。

その溝に、優しさを流すことで、循環し、深い絆へとなっていたような気がします。

苦しみや、悲しみに感謝する人はいませんが、逃げれば逃げるほど、苦しくなるのなら、私は立ち止まって、ありがとうと受け止めることにしたのです。

人生、自分の思うようにはいきませんが、相手の思いを汲みとることはできます。

曾祖母と過ごした四年の中に、人生で大切なことが凝縮されていたような気がします。

昼夜逆転した生活のときに、ある人にいわれました。生きている人が後悔しないように見切りをつけさせるために、最期になるんだよ……と。本当に、その通りでした。

意識も戻らなくなっていました。私の名前すら忘れていたけれど、思い残すことはありませんでした。この四年、誰よりも近くで曾祖母と二人三脚で、ありとあらゆるものを乗り越えてくることができたのも、曾祖母がいてくれたおかげでした。

介護をするようになって、明日、明後日より、今日という日を大切にしながら生きてきた私にとって、同じような一日でも、楽しく過ごせていたんじゃないかと思います。

ただ、曾祖母が最期まで、心さみしくないように。この世に生まれてきて大変だった時代もあったけれど、トータルしたときに自分の人生、幸せだったなあと感じてくれたらいいなあ、という思いだけでした。

誰かを羨んだり、憎んだりする人生で、一番苦しいのは誰でもない自分の、心なのです。幸せを生み出せるのも、自分なのだから……。

自宅での最期、ひ孫たちに囲まれる曾祖母の姿に胸が熱くなりました。一人一人が曾祖母と向き合い、それぞれに感じたものがあるはずです。家族って、いいなあと思いました。

人生、いつ何が起こるのかわかりません。

明日、洗濯、掃除をしない日がやってくる。

明日、ごはんを作らない日がやってくる。

明日、会話したくてもできない日が……。

今、自分にできることがある。

それが、少しだけ嫌な日も、愛おしく思えるように……。今日という日に、私には何ができるのだろう？

介護を通して、学んだことは私を生まれ変わらせてくれました。

人との出逢いに感動し、感謝して生きることを教えてくれた曾祖母。

明日も、優しい気持ちで朝を迎えよう。

# カナリア日記

白石範子

「お義母さん朝ですよ。目が醒めましたか」

毎朝八時、ベッドの中の義母に声をかける。

目を開いた義母の視線がカチッと合えばスイッチが入ってるということである。義母の脳内スイッチは複雑で、朝反応がなくても、午後から入ったり、終日入らない日も多い。

重度のパーキンソン病を患う八十九歳の義母は発病して一〇年経ち、今や、自分で動かせるのは目だけになってしまった。

高齢者に多くみられるこの病気は、いわゆる薬が合えば少々不自由でもなんとか暮らしていけるが、患者さんの約半数に副作用が強く出るそうである。当初の四年間、ヘルパーさんのお世話になりながらも一人暮らしができていた義母も、あいにくこの不幸なグループに入ったらしく、徐々に動きが悪くなっていった。とうとう五年目の二月、石のように固まってしまった義母は、急遽《きょ》わが家に同居し、私の介護生活がスタートした。

わが家は当時六十四歳の夫婦と猫一匹の暮らし、介護には適した環境である。夫は一人息子で、五人の妹たちは皆県外に住んでいるので、当然予測していたことである。発病後、まだ一人暮らしをしていた義母に「お義母さん、私が最期まで看ますので安心してくださいー」と介護宣言をした。すると、翌日わが家を訪れた義母は、数冊の通帳を差し出し「よろしくお願いしますね」と言ってくれた。

義母は潔い人である。この病気になってから私は愚痴を聞いたことがない。義母に尋ねたところ、一度だけ「ヤッケナビョウキニナッタモンジャネェ」（厄介な病気になったものだねえ）、ともらしたそうである。厄介な病気！　パーキンソン病は厄介で過酷な病気である。薬で動きは劇的によくなるが、副作用の幻覚には驚いた。よく出没するのは、蛇、ヒトである。天井の蛍光灯の中に蛇がいる、毛布の中にたくさん虫がいる。夜寝ようとするとベッドにはすでにヒトが寝ていると言うので、畳に布団を敷くと、そこにもいるからこっち！　という具合である。幻覚はじつに不思議な世界だが、本人しかわからない恐怖と苦しみである。ある夜、何やら物音がするので覗《のぞ》いてみると服を出している。ここに誰かが裸で寝ているので、風邪を引かないかと言う。優しい人なのだと思った。

しかし、同居して一年後、三月のある深夜、義母の被害妄想は頂点に達し爆発してしまった。「ここは地獄だァ。殺されるゥ」私をにらみつけて叫び、飛び出した。

病気が言わせていると思いながらも、心のどこかで「嫁姑の確執」を感じてしまった。私はその半年前からストレス性の気管支喘息になっていた。吸入薬は現在も続けており、介護には体力と強い精神力が必要だと身をもって感じたことである。心身が健康でなければ優しい介護はできない。

爆発の数日後、義母は入院した。主治医は迷った末、体の動きより心の安静をとりましょう、と強い薬を中止した。二カ月後に退院したが、また症状が悪化し七月に再入院、十一月に胃ろうを造設し、翌年一月に「寝たきり」になって帰ってきた。

そして、介護保険利用による在宅介護が始まった。と、同時に私は介護日記をつけることにした。

週二回のデイサービス（通所介護）、残る五日間は一時間ヘルパーさんに来てもらい、食事介助や一緒に清掃やシャンプーなどのケアをし、午後は訪問リハビリを受ける日々である。退院して一年半ぐらいは、ペースト状の食事と注入食の併用だったが、病状の進行に伴い、徐々に経口的に摂取できなくなった。

パーキンソン病の副作用は多種多様である。幻覚や妄想が落ち着いてきたある夜、突然、血圧がストンと五〇まで落ちた。どうしたことかと慌てて主治医に連絡すると、「大丈夫よ、薬の副作用で自立神経失調症によるものだから、すぐ落ち着くから」との返事である。医師の言葉ほど力強いものはない。その後も、血圧は二〇〇を超えたり、五〇を切ることもあったが、冷静に対応でき、そのうち顔色を見ただけで大体の数値がわかるようになった。

在宅介護では、不安になったりすることもあるが、月に一回、主治医訪問があり、診察され、いろいろ適切な助言を受けるので安心して介護が続けられる。

義母に寄り添ってきたこの六年間で、私をもっとも悩ませたのは、「舌根沈下《ぜっこんちんか》」である。これは、この病気の機能障害によるもので、喉《のど》の奥が舌で塞がれて呼吸困難になる。この状態になると、呼吸がしにくくなるので「ガーガーガー」という狭窄《さく》区種音が出る。口腔内では舌が丸く盛り上がり、とても苦しそうな険しい表情になる。体を横に向けると、舌が緩み改善するが、なかなか治まらない場合もある。

舌根沈下は一昨年の夏頃から始まり、日を追って回数が増し、冬になると頻繁に起こるようになった。デイサービスのスタッフからは、とくに入浴中にひどくなると怖がられ、私は十二月半ば主治医を訪ねた。すると、義母の前では話せなかったが、血圧の変動や舌根沈下で、いつ何が起こってもおかしくない状態なので覚悟していてね、と言われた。義母は肺も心臓も悪くないので、この宣言は予想外のことでショックを受けたが、投げ出すわけにはいかない。私は「覚悟」という二文字を肝に銘じた。

冬はパーキンソン病にとって過ごしにくい季節である。年が明け、体はますます硬くなり「ガーガー」は毎日出るうえ、治まるまで時間を要するようになった。私は、苦しむ義母の前でどうすることもできず、無力感に打ちのめされ少々ノイローゼ気味であった。得体の知れない「ガーガー」のことを、密かに「怪物」と呼んでいた。

「怪物」と付き合って半年経った頃から、私なりにその正体が見えてきた。それは、義母の体調とストレスから起こるのではないかということである。四月、風邪をこじらせた時、怪物が牙をむき二時間も続いたことがあった。体調のいい時でも、不安や苦痛を感じると、ことばでは訴えられない義母は「ガーガー」と発信する。例えば、毎日硬く握り締めている手のひらをこじ開けて手浴をする時、決まって起こり、終わるとピタリと止まるという具合である。こちらの対応次第で減らすことができると確信した私は、怪物を怖がらないことにした。不安がそのまま義母に伝わり、エスカレートするからである。突然「ガーガー」が始まると、心の中では「来た！」と構えるのだが、わざと気づかない振りをして、さりげなく横を向かせるようにした。すると、義母も「違ったのかな」と思うのか、以前よりずっと早く治まるようになった。自然と、義母に対する声かけやスキンシップも増えたように思う。

デイサービスのスタッフにも、こちら側の対応が一番大切だからとお願いしたが、家庭で一人看るのとは異なり、大勢の人が通う施設では無理があったようだ。三月はじめ、手がかかる、面倒みきれないとやんわり通所を断られてしまった。

食べることも、話すこともできなくなった今、入浴は唯一の楽しみである。義母からこの楽しみを奪うことはできない。日頃は、私にまかせきりの夫がすぐ行動を起こしてくれた。自分で二、三カ所あたり、一週間後には知的障害者支援センターのデイサービスに通所できるようになった。問題の舌根沈下は、想像もつかないと不安がるスタッフとは十分話し合い、慣れるまで私も入浴介助に付き添った。そこでは、一般の高齢者は義母が第一号で温かく迎え入れた。「捨てる神あれば拾う神あり」である。純真で優しい障害者の方たちとの交わりも義母を安心させたようで、穏やかな表情である。

「ガーガー」は、スタッフが拍子抜けするほど出なくなり、現在ではまったく出ない日もある。「ガーガー」ゼロの日や、数カ月単位でことばが聞けた日は、日記に赤い花丸をつける。ヘルパーさんの声かけに「おはよう」「こんにちは」などと答えることがあり、滅多にないので皆大喜びである。失ってから気がつくことばの力である。介護日記の「カナリア日記」はもう七冊になった。

以前コーラスをしていたので「歌を忘れた介護かごの鳥」の意味だ。少し意地悪なネーミングだが、これくらいは許してもらえるだろうか。日記は、義母の症状と介護の記録が主だが、日々その私の想いや時には葛藤も綴られている。私にとっては、ずしりと重い義母との記録である。

主治医の宣告から一年過ぎ今年は七年目に入る。誰も予想していなかった義母の闘病生活、その心情を聞くことは叶わないが、時には生きる意味を問うてはいないだろうか。義母のスイッチが入っている日、私は話かける。

「お義母さんきついねえ、でも神様がくださった寿命だから一緒にがんばりましょうね」

無表情のままだが私には聞こえる。

「アンタガソゲンイウナラモイットキキバランナラネェ」（あなたがそう言うならもうしばらくがんばろうかな）と。

時たま、聞き取れないほど小さな声で何か言う時、顔を近づけると幼子のように思えていとおしくなる。自分でも不思議な感情だが、義母にとって私はなくてはならない存在なのだと、感じる。義母の小さな小さな幸せのために、これからも寄り添っていきたいと想う今の私である。

# 介護は義母からの贈りもの

杉山隆幸

「よっちゃん（娘）死んだら恩を返すよ。天国からあんたたち二人を見守ってるよ」

介護中、義母はたびたびこんな言葉を口にしていました。当時はその意味を深く考えることはありませんでしたが、介護を終えてからいろいろと思い当たることに気づくようになりました。

具体的な話の前に、まずは私たち夫婦が義母を介護することになった経緯について触れておきます。

義母は大正十四年一月、五人きょうだいの三番目、次女として神奈川県厚木市に生を受けました。戦時中は軍需工場で働き、終戦を迎えたのはちょうど二十歳の時。その六年後にシベリアから引き上げてきた布団加工職人の義父と結婚し、一女一男を儲《もう》けました。その後成長した子どもたちが結婚。数年の間夫婦水入らずの時を過ごし、二十一世紀を目前にした平成十一年に義父が亡くなりました。こうして義母は七十四歳にして初めて一人暮らしを経験することになります。長男に嫁ぎ、長年、家族や親戚に気を遣ってきた義母にとって、気楽な一人暮らしは大層お気に召したようです。『息子や娘と同居するなどまっぴら御免！』とばかりに、お正月の三カ日に「泊まりにおいで」と誘っても、「いやだよ」と言うありさまでした。

周囲の心配をよそにマイペースな日々を送っていた義母の身に、八十歳を過ぎた頃から異変が見られるようになります。冷蔵庫に何本も牛乳パックが入っていたり、黒焦げの鍋やフライパンがいくつもあったり。袖口が炭になったセーターを発見した息子の嫁は肝を冷やしたのでした。医師の診断はアルツハイマー型認知症。もはや一人暮らしは不可能となり、同じ厚木市内に住む息子が義母の家に泊まり込むようになりました。しかし、症状がさらに進むと息子一人では手に余るようになり、ついに義母は息子夫婦のマンションへと引き取られることになったのです。

平成二十二年、それまで一八年にわたり夫婦二人で平凡に暮らしていた私たちにとって、波乱の幕が開きました。義弟が「これ以上母の面倒をみられない」と言ってきたのです。こうして義母はわが家に来ることになりました。

平成二十二年五月二十二日、いよいよ義母との同居が始まりました。この時、義母は八十五歳。認知症はすでに中程度まで進行し、身の周りのことも自分でできず、二四時間目を離せない状態でした。介護を始めて最初に行きづまったのは昼夜逆転による私たちの睡眠不足。何もすることのない義母は暇を持て余し、昼間から横になっています。そして夜になると「眠れないよ。こんな所に来たからだよ」と、家の中を徘徊して私たちの睡眠を妨害するのです。

このままでは義母より先に私たちが参ってしまうので、新しく主治医となったT院長に相談しました。「認知症は家族の病気です。昼はちゃんと活動して夜はぐっすり眠ったほうが、ご本人にもご家族にもよいでしょう」。そう言って睡眠薬を処方してくれました。その結果、義母の昼夜逆転は解消し、徘徊もめっきり少なくなったのです。内科医でありながら、専門外の認知症に丁寧に対応してくれるT院長のお陰で、私たちは一つ危機を乗り越えられました。

実際に介護をしてみて、見通しが甘かったと思ったことは、アルツハイマーの代表的な症状である物忘れへの対処です。「あんた誰よ?」「いつ帰れるの?」といった単純な質問を朝から晩まで何百回も繰り返され、毎回初めてのように答えるのは想像以上のストレスで、ボディーブローのようにじわじわときいてきました。また、帰宅願望が強かったことも悩みの種でした。「まだ家に帰れないの?」「どうして帰れないの?」に答えるのは、本当に骨が折れました。そんな中、平成二十二年九月十日早朝に一つの事件が。義母が「厚木に帰る」と言い、いつの間にか着替えをすませて私たちを叩き起こし、玄関を開けさせて午前四時前に家を出ていったのです。もちろん、そのまま放っておく訳ではなく、二人ともパジャマ姿で後を追いました。普段は何もできないようでいて、いざ自分の意志で行動する時には、信じられない能力を発揮するのも認知症の特徴の一つ。

義母は自らエレベーターのボタンを押して一階に降り、重いマンションの扉を開けて二〇メートルほど先の交差点にいました。そこで何やら見知らぬサラリーマン風の男性と話している様子。植込みの陰から連れ戻すタイミングを伺っていると、何と男性と義母は手をつないで歩き出すではありませんか。慌てて二人を追いかけ、男性に事情を説明すると、「よかったご家族がいて。私、怪しい者ではありません」。そう言いながら名刺を差し出し、「決して誘拐しようなどとは、」と必死に弁解しています。何でも義母から厚木への行き方を聞かれたそうで、「余計なお節介と思ったのですが、自分の母親のようで放っておけず、食事でもしてから息子に車で送らせようと考えていました」とのこと。

この日出会った男性のほかにも、義母が散歩中に転んで頭から血を流した時に自分のハンカチで拭いてくれた女性や、妻に代わって車椅子を押してくれた男性など、見ず知らずの人たちが随分と助けてくれました。義母を介護しなければ、世の中にこんなにも親切な人たちがいると、知ることはなかったでしょう。

「チャコさん（義母の愛称）には昔世話になったから」。そう言って義母の介護を応援してくれたのは義母の姉夫婦、つまり私たちの伯父と伯母です。それがいつ頃のことなのか尋ねたところ、じつに六〇年以上も前とのこと。当時まだ独身だった義母は、新婚の伯父夫婦宅へ毎日通い、寝たきりの伯父の父親を介護していたそうです。伯父は周囲の人たちから「嫁さんを二人もらったのか」と冷やかされたそうですが、大層助かったことでしょう。介護した義母も立派ですが、もう時効といっていいような大昔のことを恩義に感じている伯父の言葉に感銘を受けました。

そして、私たちの心の支えとなった人がもう一人。それは伯父夫婦の娘、つまり妻の従姉妹です。彼女も夫の母親を介護中で、妻との電話でお互いの介護ストレスを解消していたようです。たとえ問題が解決しなくても話を聞いてもらえるだけで気が楽になります。義母の介護を通じて伯父・伯母・従姉妹はかけがえのない存在となりました。

平成二十三年九月、義母の様子に変化が起きました。進行を遅らせることしかできないと思っていたアルツハイマーの症状が、改善し始めたのです。三カ月前から飲み始めた新薬『メマリー』の効果でした。

義母は自分が娘夫婦の世話になっている状況を理解し、帰宅願望がなくなってきました。

表情が優しくなり、話し方も穏やかになって会話が成り立つように。また以前はつい先ほどのことも覚えていなかったのに、デイサービスの様子を話すなど、短期記憶も改善されたのです。日によって波はあるものの、認知症が改善したことで介護が楽になり、今後に希望がもてるようになりました。

「今日も一日お世話になりました。ありがとうございました」。認知症が改善した義母は、平成二十四年三月頃から毎日寝る前、妻にお礼を言うようになりました。ほんの半年前まで、「あんた誰よ?」「家に帰る!」と言っていたのと同じ人とはとても思えないほどです。妻は娘として、働き者で苦労の多かった義母が幸せになって欲しいとの思いで介護を続けたとのこと。折に触れて「ここに来てよかった」「私は幸せ」と話す義母の姿は、妻の願いが叶ったことを表しているようでした。

平成二十四年四月二十八日、私たちは横浜港から九日間の船旅に出発しました。行き先は上海と済州島。海外旅行に行けるまで認知症が改善した義母は、八十七歳で初めてパスポートを取りました。外国籍のクルーズ船は、まるで動くホテルのよう。一度乗船すると乗り換えや荷物の移動がなく、車椅子の高齢者を連れていくにはぴったりでした。船旅は不思議と知らない人たちが気軽に話せる雰囲気があり、私たちは何人かの人に声をかけられました。

義母は、「よっちゃん（娘）が連れてきてくれて嬉しい」ときちんと説明し、それを聞いたある女性は「そうですか。お幸せですね。うちの母も連れてきたかったけど、もう亡くなりました」と涙ぐんでいました。この方のように私たちの姿にわが身を重ねた人も多く、それだけ介護経験者が多い、ということを実感しました。

平成二十四年は認知症が改善した一方で、体力の衰えが目立ってきます。中でも咀嚼《そしゃく》力と食欲の低下が著しく、七月には連日点滴を受けるほどになってしまいました。しかし、回復が思わしくなかったため、試しに妻が食事介助を始めることに。義母の口元にスプーンを運ぶと、最初は拒否するものの、次第に口を開け少しずつ食べるようになったのです。食事介助は大変手間がかかり、一食に一時間以上かかることもありました。しかし妻は、元気になってもらいたい一心でひたすら努力し、ついに八月末には自力で食べられるまでに回復したのでした。

介護の終わりは突然訪れました。平成二十四年のクリスマスイブに、義母は娘夫婦に見守られて天寿を全うしたのです。

介護を始めた二年七カ月前は、まさか自宅で義母を看取ることになるとは思いませんでした。一年近い間娘の食事介助を受けてがんばっていたものの、とうに体力の限界を超えていたのだと思います。発熱のため、デイサービスを早退してからわずか四日目。寝たきりになることも、入院することもなく、眠っているかのような最期でした。

介護中を振り返ると確かに大変なことも多かったのですが、得たものはそれ以上でした。まずは介護という貴重な体験ができたこと。人間、歳を重ねるごとに衰え、最期を迎えることを義母は身をもって示してくれました。次に妻と協力して介護をやり遂げられたこと。力を合わせて困難を乗り越え、義母の様子に一喜一憂する時間を共有しました。

そして、介護を通じて出会えたたくさんの人たち。デイサービスのスタッフや地域包括支援センターの方々。T医院の方々。それに通りすがりの人々。中には、今でも関係が続いている方もいて、地域の交流やボランティア活動という形で、さらなる広がりも見せています。これらの介護によって得たものはすべて義母からの贈りものなのです。

# 親父、ボケてくれて、ありがとう

鈴木禎博

今から一〇年前、当時七十二歳だった父が突然、脳出血で倒れました。救急車で運ばれて、三日間、生死をさまよった後、意識が戻りました。

それから一〇年間、私たち家族は、要介護四、車いす生活で認知症となった父との介護に明け暮れる生活が始まったのです。父と母は二人暮らしでしたので、いわゆる「老老介護」。本来なら、暗く悲しいはずの老老介護が、私の両親にとっては、明るく楽しい老老介護となったのです。息子である私にとっても、介護はこんなに楽しいものなのか、という気持ちになりました。こんな私たち家族の経験が、少しでも介護で困っている誰かの気休めになればとの想いで、このような作文を書くことにしました。

父が倒れたとき、私は四十歳、私にも家族があり、遠方に住んでいることもあり、それまでは、両親に会うのは盆と正月くらいという、ごく普通の親子関係でした。ただ少しだけ、普通の親子関係と違うのは、私には、父との楽しい思い出は何一つない、ということです。

私の幼少期は、ちょうど高度経済成長の時代、父は働き盛りで、毎日毎日、遅くまで働き、仕事一筋、家に帰ってくると、いつもイライラして怒ってばかり、典型的な「頑固親父」。子ども心に「なんで僕のお父さんは、いつも怒っているの」が口癖だったようです。そんな父を私は大嫌いでした。子どもの頃、父と遊んだ記憶もなく、会話した記憶もありません。記憶にあるのは怒られたこと、たたかれたこと、怒鳴られたこと。母も兄も私も、父が帰宅すると逃げるように自分の部屋にこもりました。

母と兄と私にとって、父は、とにかく「怖い人」でしかなかったのです。私は父が笑っている顔を見たことがありませんでした。また、母の笑っている顔も、兄の笑っている顔も見たことがなかったのです。家族四人で夕食を食べるときは、誰もしゃべらず、四人ともただ、もくもくと食べる作業を続けるだけだったのです。

こんな気持ちのまま大人になった私にとって、父は、近寄りがたい存在であり、できれば、かかわりたくない存在だったのです。

三日間生死をさまよってから半年間入院した後、退院した父が「別人」になって自宅へ帰ってきたのです。認知症になり、すっかり性格が変わってしまいました。無口で頑固で怒ってばかりの父が、冗談ばかり言って周囲を笑わせる、明るく楽しいおじいちゃんに変身していたのです。

元気な頃、自宅ではほとんど話をしない無口な父が朝から晩までしゃべりっぱなし……「律子（母の名前）さん、愛してるよ」「ごはん、美味しかった、ありがとう」「よしひろ（私の名前）たこ焼き食べよう、買ってきてやるよ」「おーい、誰か、一緒に買い物行こう」。

毎日、自宅に来てくれるヘルパーさんには「今日も綺麗だね」「俺、昔はかっこよくて、よく女性にもてたんだよ」「今度、デートしよう」など、元気な頃は女性との会話が苦手だった父が女性に冗談を言うなど、信じられない光景でした。通っているデイサービスの職員の方からは「鈴木さんが、一番の人気者です」「職員を癒やしてくれる鈴木さん」「笑顔がかわいい鈴木さん」……と。これだけ褒められると一緒にいる母も悪い気はしません。徐々に母の笑顔が増えてきました。

認知症が進むにつれ、どういうわけか、父の親父ギャグは絶好調。いつしか父は家族の笑いの中心となり、顔つきも、元気な頃の面影がなくなり、穏やかな優しい表情に変わっていきました。盆と正月しか帰省しなかった私は、帰省の回数が増えました。

倒れて五年くらい経った頃から、父は同じことを何回も言うようになりました。「昔は怒ってばかりで悪かったな」「家族の協力があったから、好きな仕事を思う存分できた」「よしひろにも嫌な思いさせたな」「律子さんは本当によくやってくれた、ありがとう」……昔を反省するかのような言葉がドンドン出てきます。

認知症の専門家に聴くと、「認知症の方は、昔の記憶の中でとくに気になっていることだけを思い出し、その話を何度も何度も話すものですよ」と。

昔、毎日、怖い顔をして、口を開けば、文句ばかり言っていた父、家族への愛情などまったく感じることができなかった、そんな父の脳裏には、いつも家族のことがあったんだと、気づかされました。

認知症になったからこそ聴けた父の本音。認知症になっていなかったら、決して聴くことのなかった言葉であり、決して知ることができない父の心の中を覗くことができたように思います。子どもの頃から四〇年以上の間、ずっと父のことを嫌っていた自分が恥ずかしくなりました。

父が元気だった頃、兄も私も独立してからは、あまり実家に寄りつかなかったのが、今は毎月のように帰省します。以前は家族四人が集まるのは、数年に一回しかなかったのが、今は年に何度も集まり、一緒に食事をします。家族が集まったとき、父の記憶は三〇年前になったり、四〇年前になったり、時には私の生まれるもっと昔になったり、毎回、会う度に、タイムカプセルに乗って昔に戻してくれます。認知症ですから、父の話が本当か、作り話か、誰にもわかりません。私たち家族は、その作り話に合わせて、気のきいたコメントを言わねばならず、結構大変です。

先日も家族四人が集まっての食事中に、父がいつものように楽しそうに「作り話」を話していたとき、私が父に言いました。「親父、昔も今みたいに、もっと楽しそうにしてくれればよかったのになあ」と。すると母も兄も大笑い。つられて父も大笑い。脳出血の後遺症で呑み込みが上手くできない父は笑いすぎて口の中の物を「ハックション」と出してしまいました。そんな父の姿を見て、家族四人がまたまた大笑い。そこでまた、私が一言「昔、子どもの頃、家族でこんなに笑ったことなかったな」と。すると今度は母が大笑い。またまた、私が一言「親父だけでなく、おかんがこんなに笑ってる顔も、初めて見たわ」と。今度はその言葉を聞いた父が「悪かった、律子さんが笑わなくなったのは俺の責任だ。ごめん……」と言って号泣。そんな父の涙を見て、母の目に涙、兄も私も、つられて泣いてしまいました。大笑いしていた家族四人が今度は家族揃って号泣。

家族みんなで笑って、家族みんなで泣いて、五十歳にして初めて知った家族のありがたさ、五十歳にして初めて、家族っていいなー、と感じました。

そんな時、私の口から自然と言葉が出ました。「おやじ、ボケてくれてありがとう」。

現在、私は介護の仕事をしています。父が倒れるまで、介護にはまったく関心がありませんでしたが、認知症となった父と接することで、介護の喜びを感じてしまい、介護の仕事に転職したのです。

それから一〇年、そのまま介護にハマってしまった私は、今、この介護の仕事を「天職」と思うほど、楽しく働いています。今まで、天職と思えるような仕事に出合えなかった私を、天職に導いてくれた父に、またまた感謝。帰省して父に会うごとに、私は父に言います。

「親父のおかげでいい仕事に巡り合えたわ。親父、ボケてくれてありがとう」

# 楽しい介護

たぐちまもる

私は八十四歳になり、普通ならばもう人の世話になる年だが、いま九十四歳の老人の介護をしている。人から「他人なのによくそんな面倒をみられますよね」とか、「仏様みたいな人だ」などと驚かれたり褒められたりしながら、振り返るともう一四、五年にもなる。

かつて私は、三大劇団の一つ〈B魔〉に所属して、TVや映画で活躍されていた老俳優のマネージャーであり付人でもあった。そんな頃、Iさん（以後Iさんと呼ぶ）が、仕事中に息苦しくなるという。「いい仕事してもらうには健康でなければ」と思った私は、気おくれしているIさんを、強引に人間ドックに入ってもらうことにした。Iさんも私も、検査結果はたいしたことはあるまいと軽く考えていた。ところが、Iさんの心臓には障害があり、できるだけ早く手術することを告辞されたのだった。

しかし、Iさんはなぜか躊躇していた。恐らく面倒をみてもらえる家族がないことを苦にしているのだろう。私は、まず病気よりもこの問題を解決してやらなければIさんは先に進まないであろうと、いろいろ考えた結論は、私がいつも傍にいて安心させてあげることだと気づいた。

「Iさんは一人暮らしだから、これからのことが心配なのでしょう。大丈夫、手術後は私の家で一緒に暮らしましょうよ。Iさん一人ぐらい、十分にお世話できますよ」

Iさんは私の話をしっかり受け止め、「うん、うん」と頷きながら、目がしらを抑えていた。その後手術は成功し、幸運としかいいようもない順調さで、障害もなく三週間で退院し、その後の課題はリハビリだけであった。

そんなある日、いい日和なのでIさんを車椅子に乗せて、近くの霊園の桜を見せに連れ出した。ちょうど太い桜の木の下で、ケアセンターの患者さんたち一二、三人が車椅子に座ったまま、横一列になってお花見をしていた。付き添いの職員三人が年寄りたちの前で、手拍子を打って歌ったり踊ったりして、雰囲気を盛り上げようと懸命だった。しかし、年寄りの何人かは、体を縮めたり虚ろに宙を見上げていたり、欠伸《あくび》をしたりで、職員の呼びかけにも反応がない。直視するには耐えられない胸の痛みを私は感じていたが、私よりも一〇歳上のIさんは、いっそう老耄《ろうもう》の惨めさを重く受け止めていたに違いない。

「わしもいつか、あの年寄りのようになるかもしれんのだ。それでも君はわしの傍に、いつまでもいてくれるというのか」と、突然Iさんがためらいがちに言った。

「もちろん、Iさんは私にとって大事な人だから……安心してください。約束します」

「そうか……頼む」と目に涙をためているIさんに、改めて私は、一生介護しなければと決意した。

これからどのようにして安心させて面倒をみるか、その方法も心構えも漠然としていたが、とにかく心のこもった介護にしなければと、考えるのだった。それに、特殊な職業のIさんには、人には理解できない苦労があることを、まず私が真にわかってやることだった。人気商売のことだから、ときには霧のようにはかなく消えていきそうな不安があったであろうし、長い下積み生活に嫌気がさしたこともあろう。だが、Iさんは、それらもみんな同じように重要なことだと苦労に耐え抜いて、真剣に生きてきたのだ。そう考えると私の胸に、看病する勇気と熱意がわいてくるのだった。

しかし、老人の体は、一つ病気にかかると次から次と病気が見つかるのだった。とくにIさんは、健康の管理を疎かにしていたようで、驚くほどの病状が隠れていた。腎臓にがんが見つかり、丸丸摘出しなければならない状況にあった。医師の説明によると、心臓の手術とは比較できない痛みがあり、それに輸血や薬の影響で幻覚症状が出て、後遺症が残ることがあるという。とくに高齢者は、症状が七日から一〇日続くと、場合によってはそのまま、認知症になる恐れがあるとか。

もし認知症になったとしたら、今までどおりの気持ちでIさんに接していけるだろうか。限りなく不安が頭の中をよぎった。それに身内や知人から「自分の生活を犠牲にするなんて、馬鹿の骨頂」と言われるだろう。だが、そんなことはどうでもいい。以前、私が苦境にあったとき、Iさんに助けていただいた代償として、どんな辛いことでも受け入れる覚悟はできている。もし私が楽を取ってIさんをこのまま終わらせたとしたら、後日後悔に苦しみ続けるであろう。それならば、たとえ介護が厳しくても、最善を尽くしてあげたい。今は家族と思い、支え合っているのだから、見捨てるわけにはいかない。

しかし、恐れていた手術後が、想像以上に厳しかった。幻覚症状により、Iさんは私の顔も名前も忘れていて、私は病人のしぐさや言葉に不安と恐怖を感じ、生きた心地がしない。私は必死で病人を押えつけたり抱きしめたり、それでもおとなしくしないと、強い口調で叱り、今にも暴力をふるいそうになるわが身が情けなかった。そんななか、懸命に治療にあたってくださった医師のおかげで、Iさんの幻覚症状が一週間で消えて、名前を呼ばれたときは、嬉しさに震え涙がこぼれた。

これほどの苦労をやっと乗り越えたというのに、次の山がいくつも二人の前に立ち塞がっていた。もっとも恐ろしいのは肺炎で、とくに誤嚥性肺炎を何度となく繰り返し、病院を出たり入ったりした。そうするうちに、とうとう食べ物も水も喉を通らなくなり、胃ろうの手術を受け、カテーテルで食事をとることになった。

この作業はあえてたいへんなことではない。むしろ鼻から喉、そして呼吸器へとカテーテルを通し、痰《たん》を吸引するのが苦労の作業だ。入院している間は、病院に頼れるが、退院すれば私の作業になる。私は、Iさんが入院する度に痰の吸引作業を懸命に学んだ。そんなとき私とIさんの間には、介護する苦労と介護される苦しみとのほか何もなく、ただ同じような宿命的な苦しみの中に生き続けていた。

「何でこんなことをしなけりゃいけないの、苦しいだけで意味がないんじゃないか」「馬鹿言うんじゃないよ。こっちの苦労も知らないで、勝手なことを言わない」。お互いに言葉を荒げながら、細心の注意を払い作業を遂行していく。まず、血液サラサラの薬・ワーファリを服用しているので、体内を傷つけないようにすることに神経を使う。

入退院の繰り返しに嫌気がさしたのだろう。「どうせなら家で死にたい」とIさんは言い出し困らせた。主治医はIさんの願いを理解し許可をしてくださったが、それからが私にとってたいへんな生活になるのだった。

自宅療養になると、昼は訪問介護で、医師や看護、介護関係の人たちの世話、病院とほとんど変わりない生活なのだが、夜は私と病人だけになるので、肉体的にも精神的にも負担がかかる。もっともたいへんなことは、四時間ごとの痰の吸引や、夜中に呻《うめ》きとも泣き声ともつかない奇声に起されることだ。「助けて、助けて」「どうしたの、苦しいの？　どこが痛いの？」、喚いて泣くばかり。「また夢を見たの？」「山の中を……一人でさ迷っていた。だーれもいない。さびしくて、心細くて……」。

こんなとき、どうすればよいか戸惑うばかり。母親だったら子を強く抱いてやりさえすれば、気持ちを和らげることができるであろうが、私には強い口調で声をかけ、現実の世界に戻してやるより術がない。

また、病人の言語障害も日増しに現れてきた。口腔ケアの先生は、治療の一環として歌を歌わせると口の回りがよくなるし、気分転換にもなるから、ぜひやらせてみたらと勧めてくださった。

「ネー、歌を歌うとうまく話せるようになるんだって。いい声をしているんだもの、歌ってみんなを驚かせてやろうよ」「うん」。病人をその気にさせるのは子どもと同じで、おだてるのがいちばんだ。私の策にはまって、どうやら歌う気になってくれた。ただ、何の歌にするか、私も病人も歌の選択に迷った。そのとき、カラスが「カアカア」と、まるで「私の歌を歌いなさい」と、急き立てるかのように激しく鳴いた。「そうだ、七つの子はどう？　ほら、カラスなぜ鳴くの……って歌。知っているよね」「うん、それでいい」。

その日から病人は歌を歌いはじめた。他の人から「うまいね」とほめられると、次から次へと私に新しい曲をせがむのだった。「月の砂漠」「夕焼け小焼け」などなど。歌を歌うようになってから、Ｉさんも私も気持ちが明るくなっていった。私は、この策略に得意満面。折しも友人から便りがきた。

「介護は苦しいでしょう。でもいちばん苦しいのは病人です。わかってあげましょうよ。私も母の介護でたいへんな思いをしていますが、そんなときは、病人といっしょに口笛を吹きながら楽しくやっています。お互いにがんばって楽しい介護にしましょうよ」と。

この手紙を読んで、心から私を励ましてくれる優しさに、涙が出るほどありがたく、嬉しくなった。そうだ、私も友人に負けない楽しい介護をしようと思わずにはいられなくなった。元気が出た。だから、最近カラオケの機具を購入し、Ｉさんと声をあわせ、歌での楽しい介護を続けている。

そうしているうちに、私のことを気遣ってくれているＩさんの優しい言葉が聞えてくる。「わしのことで、今の生活に無理をしてはいけない。今日を、お前さんのために生きとくれ。一日一日を大切に、一日一日を愛することだ。もし、これからすべてのことがうまくいかなくても、それはそれなりに、自分の成しうる限り、幸せに生きることを考えるがいい」と。

# 介娯入門

中西マキ

「ほら、イノシシが来てるやろ？」

みんさんの視線の先には天井からぶら下がるオレンジに光る豆電球。私とみんさんは、一つの布団に寝転がって、その光を見つめる。みんさんがこの布団に入るまでには、いくつかの過程があった。まず、廊下を歩く。家中の扉を開けて、「あんた、おるん？　家まで送ってくれるか」と聞きまわる。途中、「ばあちゃん、もう夜やから寝て」と私の母から懇願されては、布団に戻るも一〇～二〇分おきに繰り返されるこのやりとり。一緒に暮らす母は毎日これに出くわす。

当時、私は二十歳。県外の大学に通うため、一人暮らしをしていた。この場面は懐かしくもあるが、母ほど疲弊は感じていない。家を出る前の高校時代の気持ちとはちょっと違うな、と帰省中に振り返る。高校時代、みんさんのことが本当に煩わしかった。早くどうにかなってしまえばいいと本気で思っていた。廊下に黄色い水たまり。夜中に庭でこけて腕を骨折、ギプスが気持ち悪かったのか、すぐさまむしり取って手の骨が変な方向にくっついた。母はその姿をみて泣いた。帰ってみれば部屋中茶色いものが壁や廊下に……。

両親は共働きだったため、最初に帰宅するのは私だ。そういう日に限って友達が遊びに来たりして。こんな時どうしたらいいのか、家庭科でも生物でも、もちろん国語や数学の授業でも習わなかった。となると、私の小さな頭はすぐに限界。みんさんへの嫌悪の気持ちしか芽生えない。両親も対応ばかりに頭を悩ませ、みんさんを理解しようという思考まで辿りつけていなかった。当時、みんさんは八十歳。七十歳台前半に入院と子どもも間のいざこざで口を閉ざすようになり、食事もとらず気がつけば「うちに帰らせてほしい。てつ婆（みんさんの母親）どこいった？」と毎日尋ねるようになった。小さな町医者で、当時は〈老人性痴呆症〉と診断された。長男である私の父の家で一緒に暮らすようになったが、その日々を重ねるほど、私の一人暮らし願望は強まっていった。

物理的に距離を置くことは有効だ。実際体験して、寛容になれた。高校時代の私がみんさんと一緒に布団に入るなんて考えられなかった。けれど、顔を合わす機会が減るだけでその状況を楽しめる余裕ができた。一緒に布団に入って電球を見つめたことが、私の初めての介護体験だと思う。

いや、介護というより、介娯の方がしっくりくる。介護だと、なんだか過保護過ぎる気がする。介には、せわする、たすける、まもるという意味があり、護にもまもるという意味がある。まもってばかりでは両方幸せにはなれない。父も母もみんさんにもう骨折してほしくない、という思いから一人で外に出ることがないよう外からも鍵をかけた。玄関、土間、すべての窓ガラス。そこはもう監獄だ。

介護について勉強したことがある人からは、「身体拘束だっ」とお叱りをうけるだろう。けれども、当時の私たちはこれが一番みんさんにとって安全なのだと、まもるためだと思い込んでいた。みんさんがなぜそうするのかを考え、見守る視点を失ってはいたが、四六時中、みんさんのことを考えていたことには違いない。現に当時から十数年経った今、母は私が高校時代にどんな風だったか、あまり覚えていないという。「ばあちゃんのことで本当に頭がいっぱいだったから」と。

気がつけば、私は、絶対に自分ではできないと思っていた介護を仕事として選んでいた。きっかけは、やはりみんさんだ。就職活動中の頃、みんさんは特別養護老人ホームに入所していた。山の中のとても遠い場所。きっと今までみんさんは来たことのないところ。縁もゆかりもない場所でみんさんは生活していた。面会に行ったら食事中だった。食堂からはトイレが丸見えでズボンをあげてもらっているおじいさんが見える。私はどこを見ていいのか戸惑う。食事を残しているおばあさんに対して、「もったいないおばけが出るから食べて」と声をかける若い職員。そんな場所でみんさんは一日を過ごす。胸がざわついて、悔しいような、申し訳ないような、だけど今の自分には何もできなくて。そんな歯がゆくもやもやした、どのように言葉にしたらいいのかわからない気持ちを、でも私にはどうにもできない、考えないでおこうと心の奥底にしまった。

そうこうしながら就職活動をするうちに、たまたま株式会社が運営する有料老人ホームの説明会に行くことがあった。印象深かったのは社長さんの言葉だ。「戦争をくぐり抜け、必死で生きてこられたお年寄りに対して、子どもに話しかけるような態度で接する、そんな職員がいる施設に親を入れたいか」。

この時、涙が込みあげた。心の奥底にしまっていたあの言葉にできない気持ちを、まさに社長さんが言語化してくれた。こんなに自分の気持ちがはっきりすることが感動に繋がるなんて。初めての心持ちだった。その言葉をきっかけにやりたいことが見えてきた。家族に対して、また高校時代と同じような想いを抱かないように、あの時、学校で教えてもらえなかったからわからないと背を向けた、そんな自分でいることのないように、介護職という道を選んだ。

あの日、一緒の布団に寝転がって電球を見つめた時に、介護の仕事を選ぶ道はできていたのかもしれない。今からでも、みんさんのことを受け入れて、家族が今までとは違う介護ができたなら。

その想いとは裏腹に、ヘルパー二級の実習中にみんさんは、逝ってしまった。実習先の訪問介護事業所長さんの言葉が耳に残った。「ちゃんと勉強しないと、自分の親も守れないよっ」。これが、本当にならないよう、より一層この仕事を続けて、ステップアップしていこうと決めた。

介護の現場を実際に体験して、一番大事なことは、今、行っている援助方法が正しいとは限らないという意識をもつことだと思う。以前は、いかに早くおむつを交換できるか、食事を早く終えるかといった、速さを競うような、効率重視の雰囲気が漂っていたが、早くおむつを交換することよりも、なぜおむつを使用するのか、どうやったらトイレで排泄できるのかを考えるようになってきた。トイレでの排泄は当たり前のことだが、介護の場面ではそういった当たり前がいつの間にか麻痺しがちだった。

みんさんと暮らしていた時のように、目の前のことを処理し続けていると徐々に自分との闘いになっていくみたいだった。けれども、研修や介護に関する書籍等の情報や知識に触れることで、今を疑う視点をもつことができた。しかしながら、こういった知識等を有効に活用できるかどうかは、介護が必要な人への聞き取りが上手くできるかにかかっていると思う。要するに、年齢も疾患も生活歴も一人一人異なる訳で、そこを考慮せずに教科書通りに援助を行ってもうまくいくはずがないのだ。今の私は、現場を離れて今までとはちょっと違う介護関係の仕事に就いているが、新たな発見があったり、昔の自分を振り返っては反省したり、介護の奥深さに時には迷いそうになりながらも考えることは諦めないでいるつもりだ。

もしもはないけど、今の私ならみんさんに寄り添うことができるかもしれない。心にいつもあの日の「介娯」の気持ちを忘れずにいたい。

# 己を知るということ

萬匠範子

四十五歳を過ぎてから高齢者福祉業界に就職した私が、一番最初に覚えた言葉が「自《じ》己《こ》覚知《かくち》」。世間一般でも知れ渡っている言葉なのかもしれないが、私には新鮮な言葉だった。自己覚知とは、「自分自身について深く理解する過程」であり、自己覚知を通して「自己の理解と受容に留まらず、違った人生経験をもつ他者への理解と受容までたどり着くことができる」と勉強した教科書に書いてあった。

私が六年間勤務していた「特別養護老人ホーム」は、老人福祉法で定められた第一種社会福祉事業で、六十五歳以上で身体上または精神上著しい障害があるために常時の介護を必要とし、かつ居宅において介護を受けることが困難な人が入所し必要な援助を行う施設である。

そのホームには一〇〇名の入所者と、二〇名のショートステイ利用者が暮らしていた。

ショートステイとは「老人短期入所施設」のことで、家で暮らしている人が短期間入所しそこで生活をする。その他には、介護保険では対応できない緊急、または社会的理由と認められる場合、特別養護老人ホームなどの施設を一時的に利用することができる「高齢者緊急一時宿泊」というサービスがある。

特別養護老人ホームの相談員であったとき、区の職員からの依頼で緊急一時宿泊を受け付け、数日間ともに過ごした一人の女性の笑顔を鮮明に思い出す。

Aさんは七〇代の女性、一人暮らし、要介護一、認知症なし。腰痛のため動けなくなったが、往診も入院も拒否していた。以前、入院中に看護師とけんかをし、強硬に退院に至ったそうだ。

遅い午後、Aさんは男性のように短い髪を左右に振り大声を上げ、ストレッチャー（患者を横にしたまま移動できる車輪つきのベッド）に身を横たえ、担当の生活保護のケースワーカーと一緒にホームに到着した。驚いたことに個室に入ると、寝たまま、着衣は脱ぎ捨てて全裸になる。本人希望の入所ではないため興奮状態にあり、個室に入っても怒鳴りながら、移動でお腹がすいたのか職員に買ってきてもらったコンビニのカレーをベッド上に横たわったまま、裸の陰部部分に置き、そのまま食べると大騒ぎをしている。

ちなみにホームでは朝昼晩の食事とおやつは厨房で作り提供しているが、Aさんの一番のご馳走は、コンビニのおにぎりだった。担当した若い男性職員は目を丸くしながらも、トレイをそのまま置くことを見ていられず、陰部の上にそっと清拭布（排泄介助時に汚れた部分を清潔にする布）を置いた。食べ始めてようやく静かになったAさんのベッド横の床頭台の一番上の引き出しには、なんとトイレブラシが差し込んである。

個室には洗面台とトイレがあり、ベッド近くにはカーテンで仕切られたトイレがあるが通常便器の横にひっそり置かれているべきトイレブラシが堂々と引き出しに入っている光景は異様にうつった。どんな理由があるのかびっくりし、Aさんとの関係性を作るのには時間がかかりそうだと思いつつも、トイレブラシがなぜそこにあるのかに興味をもちながら挨拶をした。食事がすむとAさんは多少落ち着いて、おもむろにそのブラシで全身を強くこすりだした。長い間入浴していないため、全身がかゆいようだ。

私の勤務する山の手に位置するホームには、認知症があって夜間全裸で歩き回る男性や、そこら中に排尿してしまう女性などもいるものの、大多数の入所者は、大きな指輪をいつも眺めている女性、毎日和服をきちんと着て歩く女性、長唄のテープをじっと聴いてる女性などで、Aさんタイプは今まで余り見かけぬタイプであった。

Aさんは認知症もないのに、男性利用者も通る廊下のドアを開け放ち、洋服を着てもらっても「暑い、かゆい」と、すぐさま全裸になるため、部屋の引き戸には真っ白なシーツをガムテープでとめ廊下から中が見えないように応急処置をした。何より、以前入院先の看護師とのトラブルの原因となったらしいトイレブラシで強くかく行為は、皮膚を傷つけるほどでもあり、そのままにしておくことはできない。

時間を作っては、Aさんの部屋を訪問し、話の機会をもつうちに、こちら側が打ち解けたい気持ちが言葉や態度から伝わったのか、徐々に心を開いて話をしてくれるようになった。話をしてみると、ずっと一人暮らしをしていたこと、生まれてからこれまで人に親切にされたことがなく、人と接することに慣れていないことと、人が怖いので相手に対して威嚇行為とも思える態度を示すことがわかってきた。

問題のトイレブラシは、柄の長さ、ブラシの大きさ、硬さが、背中をかくのに適している一番のもので、Aさんのアイディアの産物だということがわかってきた。最初は渋っていたが、職員による清拭（体を温かいタオルで綺麗にする）を繰り返すうち、かゆみも落ち着いてきたとともに信頼関係ができてきて、「強くこすると皮膚が痛み、もっとかゆくなりますよ」という説明を聴いてくれるようになった。当初のゴシゴシこすりから、なでる、叩く程度になった。

初めはびっくりしていた職員もだんだんとAさんのさっぱりした性格がわかってきて、部屋へ顔を出して話をするようになってきた。朝出勤した私に、夜勤明けの職員が笑いながら報告するには、夜中にナースコールがあり呼ばれて部屋に入った四〇代後半の女性職員二人に向かい、「あんたたちはいくつ？　十八か？」と。二人は「あら、また若く見られちゃった……」と大喜びしたところ、「あんまり気が利かないから」とピシャッと言われたそうだ。気配りがないことを、さらっと言われた職員も、そのあまりのはっきりさと、いい得てる指摘だったので素直に受け止めたそうだ。徐々に心根の優しさもわかり、辛らつなAさんの言葉を楽しむようになり、いい関係ができてきた。

一週間の利用中に、地方に入所施設が見つかり、退所をしていった。「こんなに親切にされたことはない。楽しかった。みんな、ありがとう。ありがとう」と笑顔で挨拶をし、手を元気よく振りながらホームを出ていった。理由も聞かずにトイレブラシを強制的に取り上げていたら、たぶんAさんは大暴れをしてホームを強硬に出ていってしまい、人に対する憎しみがまた増して心をもっと閉ざしただろう。職員全員が優しく丁寧な声かけを行い、Aさんの気持ちに寄り添ったことからの感謝の言葉と心からの笑顔だったのだととてもうれしかった。

トイレブラシはトイレで使うのが普通と決めつける前に、なぜAさんがそれを使うのかよく確かめたことで信頼関係が生まれたのだと思う。人を理解するって本当に些細なことから始まるのだと実体験した。

よく「普通」という言葉を使うが、何をもって「普通」とするかはさまざまな状況によって異なる。ただ、多くの人間が「普通の基準は自分」と思っているのではないだろうか。トイレブラシもトイレの便器用で、それで体をかくことに使用されるなどはありえないこと、と思ってしまえば、その人は「普通でない人」と決めつけ、それ以降の関係性はそこで止まってしまう。私の仕事の場合はとくに信頼関係ができなければその先へは進めないので、受容（相手のことを受け入れること）は大切なキーワードなのであり、頭では理解しつつも実際にはそれができずに関係性が築けないことがある。

人間はそれぞれ育った時代・環境、所属してきた組織、思想が異なる。価値観をもつ同士の出会いから、人と人は向き合う。自分の価値観がどのような背景から出来上がったものか、客観的理解をし、自身の理解と受け入れたうえで、はじめて他者への理解ができるのだとAさんとの出会いで多くのことを教えられた。

自分を理解し尊ぶ人は、相手のことも尊んで相対することができる。それが大人の社会だと思う。Aさんは今もあの笑顔で暮らしているのかな、と思い出す。

# 認知症介護体験記

日置佳子

今から五年ほど前、地方新聞社の記者の職を退いた私は、六〇年ぶりに高校時代の恩師を訪ねて、S保育園の門をくぐった。保育園の榊基子理事長は、もとM市の高校の家庭科教諭で、美人のうえに洋裁の技術が抜群なことから、女子生徒の憧れの的になっていた。

その教諭が高校を中途退職して、自ら立ち上げた私立保育園は、県内でも先進的な運営が評判になり、九十二歳の高齢ながら、理事長として現役でがんばっていた。

七十六歳の私の訪問を喜んで、私設秘書として迎え、保育園の事務の仕事や厨房の手伝い、身の周りのあらゆる雑用を任せた。

ところが、その前年患った脳卒中の後遺症で、少しずつ認知症状が出始めていて、突然保育士や調理師に厳しく当たったり、園児を大声で叱ったりして、不満を抱いた職員の集団退職が起きるようになった。

伝え聞いた県の担当者が何度も園を訪れ、理事長の後任を立てるように話し合ったが、子どものいない理事長には、適当な後継者も見出せず、県はしびれを切らして強引に理事会を開き、その席で新しい理事長を決めた。

社会福祉法人の保育園運営が滞れば、やむをえない措置だったが、四五年の長きにわたり、あらゆる苦労をして築き上げた保育園を乗っ取られたと勘違いした理事長は、その頃からますます異常な行動が目につくようになった。

ある日、保育園の始業ベルが鳴っても、理事長室のカギが締まったままなので、隣接している自宅を訪れると、「助けて！」といきなり理事長が飛び出してきた。中に入ってみると、国立大学教授を定年退職後、デイサービスに通っていたご主人が、険しい顔で仁王立ちしており、お勝手には割れた食器が散乱し、新聞紙が廊下一面に散らかっていた。

日ごろは穏やかな性格だが、認知症が高じてからは、情緒不安定になり、この日も妻の不用意な一言で、突然暴れ出して頬を打たれたという。

高齢者二人だけの生活に危惧を抱いたケアマネジャーの計らいで、ご主人は施設に入所が決まった。

これまで自宅に人を入れるのを嫌った理事長だったが、一人になって心細くなったせいか「あなたも一人暮らしだから家に来て」と誘うようになった。

もともと整理整頓の得意な人で、いつも凛としている印象を受けたが、案内されたどの部屋も、足の踏み立て場もないほど雑然としていて驚いた。

まずトイレから掃除をと入ると、壁から床や便器まで、長年の汚物がこびりつき、長時間かけてようやく人が入れるまでに磨き上げた。様子を見に来た理事長は「ありがとう、長いこと気にしていたけど本当にうれしい！」と涙を流して喜んだ。

脳出血の手術後、認知症状が出て、いつも「掃除しなきゃ」と口癖のように言いながら体がついていかず、気位の高い人なので、清掃業者に頼めなかったのであろう。

旧式の冷蔵庫の奥には、形をとどめないほど痛んだ食物が残り、消費期限がとうに過ぎた食品も多く詰め込まれていた。

八畳の部屋には、クリーニングした毛布や衣類がビニール袋のまま、無造作に置かれ、掛軸や骨董品、下着類などが所狭しと散らかった上に防虫剤の和紙を破いて、中身の黒い砂利のような薬剤を振りまいてあった。六畳の居間は、夫妻が長時間過ごしていた場所で、汚れた紙おむつがあちこちに捨てられ、部屋の隅に敷かれたビニールシートの上には、粗相した尿を拭いたタオルが洗って干されており、悪臭が部屋に充満していた。中央のテーブルには、生活の必需品の小物が散らばり、「すぐに使うものだから」と整理を断られ、汚れた紙おむつを纏めて捨てようとすると、「捨てないで！」と止められて言い争いになった。夫妻それぞれの寝室には、カギが掛かり、夜自室に一人でいると、壁にはめ込んだ鏡の中に、見知らぬ人が写って怖いと、鏡一面に新聞紙を貼り付けていた。

理事長はレビー小体型認知症と診断され、私が自宅に帰った夜は、幻視を見るようになり、見知らぬ人が数人頬かむりをして部屋に集まり、笑ったりして騒ぐという。また、廊下の電灯の明かりに人の顔が映って怖いと取り外させたりした。やがて夜の徘徊が始まり、近づく車に両手を広げて止め、警察のお世話になったこともある。

一人だけの生活はもう無理と、昼夜にわたたって世話をしなければならなくなった。夜はしっかり眠れないのか、寝ている私の部屋の外の廊下を、夜通し行き来して、昼間ソファーで居眠りをしている。私の体力も限界である。

理事長はある時、私に話したことがあった。「昔、占い師に見てもらった時、あなたは将来金銭には不自由しないが家族運に恵まれないと言われたが、よく当たっているね」と笑っていた。

その有り余る財産を目当てに、多くの人が何かと口実をつけて近づいてきたが、理事長自身はいたって堅実な性格で、相手にはしなかった。

日々の生活も慎ましく、一〇〇円のみたらしだんごが好物だったり、一本の五平餅が美味しいと、「あなたも半分食べて」と少女のような優しい表情を見せたかと思うと、ふいにわけもなく険しい目で無理を言ったりした。

保育園は新しい理事長の下で今まで通り行事を続けていたが、理事長室には金庫や私物がもとのまま置かれており、元理事長が自由に出入りができた。認知症になっても、金庫の暗証番号は忘れず、ある時、その前で長く座っていたが、「今から銀行へ預金に行く」と言い出し、帯封をした札束を紙に包み始めた。驚いた私が、「銀行の担当者に来てもらいましょう」と言ったが聞き入れず、およそ五〇〇〇万を紙袋に入れて、車で銀行に出向いた。金庫のドアが閉まらなくなったのである。

また、年金が長らく振り込まれていないと銀行に電話したり、下ろした記憶がないのに通帳から七〇〇〇万が引き出されていると騒いだりと、奇行が目立つようになった。

後見人の甥と諍いをして、交流が途絶えてからは、頼れるのはお金だけと、来る日も来る日も、金銭のことで頭が飽和状態になっているようであった。

金銭に執着する原因が他にもあった。高齢ながらこれから老人施設を建設する夢をもっていたのである。保育園の敷地の隣に、大きな空き地を所有しており、そこに施設を作って自分も入り、あなたも働いてほしいということであった。

理事長は大阪府、夫は奈良県出身だが、こちらに夫と入る墓も作り、その報告のために夫がいる施設を訪問した。個室のベッドに腰かけている夫に、「私誰かわかる？」と話しかけたが、「どこかでみたような……」と首をかしげている。少し離れて住んだだけで、妻の顔も忘れてしまった夫に失望して、理事長は泣きながら夫の両手を強く握り締めた。

それから間もなく、理事長に肺がんが見つかり入院した。高齢で手術はできないということで、見舞うたびにやせ衰えてゆく姿に、昔の輝いていた頃の美しい師を重ね合わせて、胸が痛んだ。

死は突然にやってきた。九十五歳だった。お通夜は保育園の職員と甥夫婦という寂しい弔いであった。あれほど切望していたお墓の件も、入籍していないことを理由に、大阪の故郷の墓に埋葬された。

わずかの期間であったが、憧れの恩師の心の孤独に寄り添って、まるで親子のような温もりを感じさせてもらったことに、不思議な絆を感じ、終生忘れえぬ思い出として残った。

# 箱入りパパ

藤沢麻里子

　夫が突然、外出先でくも膜下出血を起こしたのは、平成六年のこと。あれからもう、二一年。今年四一回目の結婚記念日を迎えたので、私たちの結婚生活の半分以上が介護生活になったのだ。夫の病気で、私たち家族の生活設計はすべてご破算。私は当時十九歳と十五歳の二人の娘を抱え、茫然自失。生死の境をさまよう夫の心配と共に、一年前に新築したばかりの家のこと、自営の夫の会社のこと、娘たちの学校や将来のことなど、生活不安に押し潰されそうで途方に暮れていた。

　それでも夫は、大手術に耐えて奇跡的に一命を取り留め、半年の入院生活を経て、そのまま在宅での介護にふみきることを決めた。夫は左半身マヒや高次脳機能障害など、他にもいくつもの障害を有し、その重度の後遺症に加え、本人に認識がないため、リハビリすることも叶わず、歩くことができないまま帰宅することになった。その頃はまだ介護保険導入前で、介護ベッドや車椅子など、必要な物は全部自分で選択し、購入しなくてはならず、主治医や看護師、理学療法士、区役所の福祉係など、大勢の方たちのアドバイスを受けながら奔走し、やっとの思いで受け入れの準備を整えることができた。しかし、いざ在宅での介護を始めてみると、覚悟はしていたものの、家族のことも理解できず、昼夜逆転していた夫の介護は、その知識も技術も乏しい私にとって、想像を絶する過酷なものだった。それでも私たち家族は、周囲の人たちに支えられ、励まされながら、寝食を忘れるほど無我夢中で介護した。

ところが二年を過ぎた頃、夫が腰椎《ようつい》圧迫骨折から腸閉塞《ちょうへいそく》になり、同時に私の母も腰の手術で入院、娘たちの卒業や入学などの行事も重なり、無理して時間をやりくりしているうちに眠れない夜が続き、心身ともに疲労困憊《こんぱい》。それまでは「がんばってね」と声をかけてくれる人があれば「ありがとう」と笑顔で応えることができたのに、このころは「今でもこんなにがんばっているのに。もうこれ以上がんばれないよ」と心の中で叫んでいた。

やりきれない思いでもんもんとしている時、ふと気づくと、それまで陣中見舞いと称して、お茶飲みに来ていた人も、週一回、夫がデイケアに行く日に合わせてランチに誘ってくれていた友人たちも、だんだん疎遠になっていた。次第に私は、世間からも取り残されてしまったような疎外感で、不安が募りはじめていた平成十二年に、ようやく介護保険制度がスタートした。

そのことにより、私たちをとりまく環境が大きく変わり、認定調査後は、ケアマネジャーが私たちの希望や意向に添ってプランを作成、そして各サービス事業者との面談を重ねることで、その慌ただしさに紛れたためか、私の沈んだ気持ちも自然にほぐれた。さらにこれまで月四回と決められていた訪問入浴が、週二回に増え、私の入浴介助も減って、とても楽になった。ついでにデイケアの回数も増やせば、私の自由になる時間も多くなると密かに計画していたのだが、これまでの六年間ですっかり〝箱入りパパ〟になっていた夫は、ショートステイの利用はもちろん、デイを週二回にすることも断固拒否。私の目論見は見事に外れてしまった。

そんな矢先、今度は私が、大きな決断をする事態になった。隣の実家で兄一家と暮らしていた母が認知症になり、予想以上の速さで進行し、あっという間に寝たきりになってしまったのだ。挙句の果てに、兄が急死。諸事情により義姉が、母を地方の介護施設へ入所させる準備を始めた。だが、五〇キロ以上も離れたところに行ってしまったら、介護中の私は、二度と母に会えなくなると考え、思いきって母を引き取り、夫と一緒に介護する決心をした。

そう決めたらもう前に進むしかない。夫の部屋にベッドをL字型に並べ、合わせて「要介護一〇」の介護が始まった。直後に、娘たちも相次いで結婚、長女は同居してくれたし、近くに住む次女や埼玉の私の姉も頻繁に来てくれたおかげで、二人の介護は思いのほか順調で、むしろ賑やかで楽しいことのほうが多かったくらいだ。とくに、二人を交えてやるしりとりは最高に面白くて、私たちは、涙が出るほど笑わせて貰った。でも、夫と母だけは妙に真剣で、大真面目にやればやるほど、上手く繋がらず、そのつど母の「もっとまともな人たちとやりたい」というひと言で終了となる。それでも、時には、二人で私の取り合いになり、夫は「あんな人使いの荒い婆さんには近づかないほうがいい」と言い、母は「奥さん可哀想に。私からあの男に離婚するように話してあげる」と言っていた。

そんな笑いの絶えなかった介護も、平成十四年、母の急逝で、呆気《あっけ》なく終局を迎えた。その後、母を失ったショックが癒える間もなく、今度は私が更年期障害で、不眠、動悸、情緒不安定となり、わけもなく苛立ち、夫の介護も億劫で苦痛になって、家族みんなが辛い日々を送る羽目になった。

申し訳ないと思いながらもどんどん落ち込んでいく私は、毎日最悪の事態を考えるようになり、ある日とうとう些細なことで逆上した私は、夫の首に手をかけようとして、ベッドに覆い被さった。その時、夫が「イヤだ‼　迷惑かけて悪いけど、もっと一緒にいたい」と大きな声で言った。その言葉でわれに返った私は、夫が倒れた時、手術室の前で、命だけは助けてください、と必死に神様に祈ったことを思い出した。私は泣きながら「ごめんね、いつも嫌な思いばかりさせて」と謝ると、「僕は何もしてあげられないけど、聞くことと我慢することだけはできるからね」と優しく言ってくれた夫。

その言葉に後押しされた私は、更年期障害の治療に懸命に取り組み、日増しに元気を取り戻すことができた。それからの数年間は、三人の孫に恵まれ、その成長を楽しみながら穏やかに過ごしていたのだが、平成十八年、私が胆石で入院、手術。この時も夫は、ショートステイの利用を頑として拒み、長女と、一週間泊まり込んでくれた次女の協力で、何とか無事に自宅で過ごすことができた。だが、それも束の間、その翌年には、私が椎間板《ついかんばん》ヘルニアで歩くことができなくなり、夫の介護は到底無理な状況になってしまった。

そこで、ケアマネさんと主治医の計らいで、緊急避難措置として、メディカルショートを利用し、二週間入院させてもらうことになった。しかし、入院一週間目には、夫がどうしても家に帰ると言い張り、形相が変わるほど苛立ち、荒々しくなってしまった。そんな夫を心配した医療相談員のUさんが、病院に併設の老人保健施設への入所を提案してくれた。病院と違い、老健は話し相手やレクリエーションも多いので、夫の気分も安定するのではないかと思い、三カ月の入所予定で、老健へ移った。ところが、当の夫は、帰宅できると思い込んでいたらしく、思惑が外れたことで、前にも増して険しい表情になっていた。

私はもう限界と感じ、一〇日後にはUさんに夫を退所させることを告げた。するとUさんは、「ご主人と話をさせてください」と言い、夫に向かって、「奥さんが、杖をついてやっと歩ける状態では、このままお帰しするわけにはいかないのです。でも、これから一カ月に一回、必ずショートステイに来てくれると約束してくだされば、いったんお帰り頂いても結構ですけど、いかがですか？」と静かに語りかけてくれた。すると夫は目を輝かせ「約束する、僕も男だ、約束は絶対守る」と即答。すかさずUさんは、夫と約束の指切りをしてくれた後、「では、来月お待ちしていますね」と固い握手をしてくれたのだ。

その時の夫の嬉しそうな顔と、家に着いた時の、涙でクシャクシャになった顔は忘れることができない。あれから六年、Uさんとの約束のおかげで、毎月欠かさずショートを利用させてもらっている。でも、未だに行く日が近づくと、嫌がる夫と私の間で「僕のこと愛してる？」「世界一愛してるよ」「愛していても、こんなに嫌がる僕を、行かせて平気なの？」「私だって淋しいけど、我慢しているの」「迷惑かけないようにするから、家にいさせて」と、毎月決まって、この行を繰り返している。結局、最後には、行く前と帰ってきた日に飲めるお銚子一本のお酒につられて行ってくれることになる。そして、その時に用意する夫の好物を二人で決めていると、「いつも美味しい物を作ってくれるから、ショートステイに行く勇気がわいてくるよ」とご機嫌になるので、嫌がる夫に無理やり行ってもらって申し訳ない、と思っている私のほうが逆に慰められている。

介護は、合わせ鏡といわれるが、私の感情がそのまま夫に映し出されると、もっと優しく接しなければと反省するのだが、反対に、私の人生どうしてくれるのよという思いも生じて、未だに日々葛藤している。二一年介護してきて、好不調の波が周期的に繰り返すことに気づいたが、どんな時も投げ出さずに続けられるのは、元気な頃の夫が、誠実で優しく、私や娘たちは夫に叱られた記憶がないくらい大切にしてくれていたからにほかならない。夫の病がもたらしてくれた家族の絆を大事に、応援してくださるたくさんの人たちに感謝しながら、これからも明るく楽しい在宅介護を目指していこう、と考えている。

それからもう一つ、生まれ変わってもまた、絶対私と結婚する、と言ってくれる夫のために、私は夫より一日でも長く生きられるよう、努力することを肝に命じている。

# 父の記憶の中に

MIHO

父が入居している老人ホームの部屋のドアをノックする。スライド式のドアを開けると、車いすに座って窓のほうを向いている父の後ろ姿が見える。布団とチェストとおむつのダンボールしか置いていない殺風景な部屋にぽつんと一人。胸が締めつけられる瞬間だ。父は食事以外の時間をここ、介護サービス付き住宅のこの部屋で過ごしている。認知症にさえならなかったら、まだまだ足腰丈夫で今頃自宅で大好きなお酒を飲み、カープの試合でも観ながら過ごしていただろうに。認知症にさえならなかったら……。何度そう思ったかしれない。

でも。父に声をかける時は、そんな思いを払しょくするように思いっきり元気で優しい声で話かける。

「和さん！　元気にしていましたか。お加減はいかがですか？」

すると、父はこう返してきた。

「なんなあ？　誰なあ？　そんな猫なで声で？」

八十歳で、要介護五で、目もほとんど見えなくて、大切な一人娘のこともこれっぽっちも覚えていないくせに、「猫なで声」って言葉は覚えているのだ。驚きだ。優しく声をかけたのにそんな風に言われてめちゃくちゃむかつく。何よ。私がどんな思いをしてここに来ていると思っているの？　仕事の合間を縫って東京からわざわざ来ているのよ。そんな怒りがこみ上げてきたと同時に、無性におかしくなる。猫なで声とはよく言ったものだ。確かに、確かに。

父には日々驚かされる。本当は認知症のふりをして、母と私を試しているのではないかと感じることもある。認知症とは計り知れないとても不思議な病である。

広島で生まれた父は地元で就職し結婚したが、東京に出たいという夢を叶え、こちらで再就職をした。横浜に小さな家を建て定年までまじめに働き、ここが終の棲家となるはずだったが、七十歳を過ぎた頃、認知症を発症した。多くの認知症患者が通過するさまざまな機能低下を辿って、あっという間に要介護五となり父の中の記憶は消えていった。

この老人ホームに入居する前の数年間の介護は本当に大変だった。現在の静かな実家のたたずまいは嘘のようだった。鬱のような症状から始まり、もともと寡黙だった父から表情が消え、何かいつも不安を抱えて過ごしていた。物忘れ、道に迷う、怪我、探しものから始まり昼夜逆転、失禁、徘徊、収集癖、異食、声出し、介護抵抗、暴言。

これが穏やかだった父とは信じられないような、ありとあらゆる症状が次から次へと現れ家族はその度に振り回された。もっとも母を悲しませたのは、ご近所に迷惑をかけた時だった。これから夫婦二人で静かに暮らしてゆくはずだったのに。電話で事の次第を報告する母は泣いていた。情けなくて泣いていた。

この頃から私もたびたび実家に戻り、母のサポートをした。ある朝、食事の準備をしていると背後から父の声がした。

「ずいぶん大きなお姉さんだ。こんな朝早くから大勢の食事を作るのは大変だ」

父はここをデイサービス先の施設だと思っている。娘のことを介護施設の職員だと思っている。私は忘れられた。この時から私は父を「パパ」と呼べなくなる。「和さん」と名前でしか呼べなくなった。

父からはいっときも目が離せなくなり、デイサービスからショートステイサービスを受けるようになる。けれどどこも混んでいて思ったほど予約が取れない。母に、ホームヘルパーさんに訪問してもらうサービスを提案したが、頑なに拒否された。ケアマネジャーさんが来る日は朝からちゃんと掃除をして待っているような人だったので、他人が家に入るとそれだけでストレスになる。だから二人で介護するしかなかった。

二四時間体制の介護が続く。夜中に何度も起こされてトイレ誘導。失禁の後始末。母の手は毎日出る大量の洗濯物と強い消毒剤の影響で紫色に変色し、はれていた。このままでは母が倒れる。そして母が倒れれば私が倒れるのも時間の問題だった。寝不足でもうろうとした頭で考えるが、どうしたらいいかわからず途方にくれた。

もちろん、特別養護老人ホームには早くから申し込んでいる。実家から数分のところに横浜市でも人気のある特養があるが、数百人待ちの状態なのだ。こんなに近くに存在するのに入所できない。皮肉なものだ。今でさえこんな状況なのに二〇二五年、団塊の世代が七十五歳になった時、介護人材が三〇万人不足する見通しだという。これから日本はどうなっていくのだろう。対策が急務にもかかわらず、目の前のことに手一杯だ。

そんな日々の中でも父の症状はどんどん激しくなってゆく。そして、ついに、暴れ始める。スイッチが入ると目の色が変わり、何かに取り憑かれたように家の中を破壊してゆく。何を言っても耳に入らず、カーテンを引きちぎり、テレビを倒し、書類を破り、棚の中のモノを部屋中にまき散らす。止めると、うるしゃー！　と荒い広島弁で怒鳴り返してくる。目の前のこの人はだれなのだろう。父はどこに行ってしまったのだろう。そんな錯覚さえ覚えた。

母の手には負えなくなって警察に来てもらったこともある。症状が変わる度に病院へ連れていき、その度に薬が変わった。けれどどれも効果がなかった。二人での介護は限界がきた。どこか受け入れてくれる老人ホームを急いで見つけなければならなかった。

インターネットで調べ、資料を取り寄せ、何件かの名のあるホームに見学に行ったが、料金が高く家を売ったりしなければ払えない。一体どんな人たちが入居できるのだろう。そんな時、偶然に新聞の記事を目にする。従来の老人ホームよりも契約も料金も利用しやすい設定になっている介護サービス付き住宅の存在だった。幸い、実家から母も通える範囲にもいくつかあり、空きもあった。早速見学をし、先方からも面談に来てもらい、現在のホームに決め、慌ただしく引っ越しの準備をし、無事に父は入居した。最初は落ち着かず、荒れたりもしたようだが、専門家の皆さんの優しい介護で今は落ち着いている。職員の皆さんには、こんな大変な父の介護を引き受けて頂いてただただ感謝だ。

部屋の窓から暮れかかる景色を見ていると私が幼かった頃を思い出す。土曜日は半ドンで、午後父とよく散歩をした。

「ミホ。今日はあの鉄塔が見えるところまで行ってみよう」

そう言って父は私を散歩に誘った。学校のこと、友達のことなど話しながらとくにあてもなく歩いた。帰りには駄菓子屋でお菓子を買ってもらって家路に着いた。ただそれだけのことだけれど、なぜか最近よく思い出す。懐かしいねえ、あの頃が。

父の記憶の中に今、私はいない。悲しいことだけれど仕方がない。今、私の目の前に父がいる。それだけで十分だ。

一人暮らしになった母は自分の体のメンテナンスで忙しい。ここ数年、父のことにかかりきりで自分のことなど何一つできなかったから。次に何が起きても対応できるように体を整えている。母も私も少し強くなった。時に慰め合い、時に介護の方針で反論し合い、そして父が少しでもいいかたちで過ごせるよう工夫しあった。どうなるかわからない先のことを心配しても仕方がない。今を生きる。今を一所懸命生きる。

父の終の棲家はまだ決まらない。父のこれから、母のこれからを考えると自分の未来も見えてくる。まだ早いかもしれないが、「すっきり、静かに逝く」が私のテーマとなった。何が必要で何が要らないか。何が大切で何がそうでないかが見えてきた。子どもたちには今から話しておく。認知症になったらごめんね。訳のわからないことを言うかもしれないし、暴れるかも。でも病気だから許してね。

子どもたちの負担にしたくないから、今は心と身の周りの「断捨離」で忙しい。

「和さん。部屋の掃除が終わったからそろそろ帰るね。また美味しいゼリーを持ってくるからね」

ゼリーと言う言葉に反応して父は口をパクパク開ける。

「それじゃ、池の鯉みたいだよ（笑）」

「今度来る時まで風邪引かないで、元気でいてよ」

父は目を瞑《つぶ》って眉間にしわを寄せ何も言わない。どこか昔の時代をさ迷っているかのようだった。名残惜しいから、ゆっくり部屋のドアを閉める。外に出ると二月にしては暖かかった。

桜の季節が待ち遠しい。今年も桜の季節を一緒に過ごせるといいね。桜が咲いたら散歩に行こう。見えなくてもきっと何か感じてくれると思うから。バス停までの道、後ろ姿の父を思い出す。

# 初めの一歩

望月美才子

平成二十二年八月九日午前二時九分。父が「これからは針の山ぞ。母さんを頼む」という言葉を残して、多発性骨髄腫《こつずいしゅ》により、八十三歳で、病院で息を引き取った。

母は、認知症であった。

母と私は、病院から父と一緒に家に帰った。しばらくして山口から母の妹五人がかけつけてくれた。母は父の死を理解できず、弔問客が訪れると、父を寝かせている布団を「みっともない」とあげようとする。

私は、その夜だけは、そんな母と二人になるのが辛くて、あらかじめ五人の中で唯一未亡人の叔母に、「父が亡くなった日は、どうか泊まってほしい」と頼んでおり、了解してくれていた。

ところが、その叔母も「風邪気味だし、息子が帰ってくるから、ごめんね」と言って、五人一緒に帰ってしまった。

母は、父の死が理解できず、「晩ご飯、何にしようかねえ」と冷蔵庫を物色し、開け放たれたままのドアから、警戒音がピーピー鳴っている。私の中で、今までおさえていたものが爆発した。母が覗いていた冷蔵庫のドアを「やかましい」と力一杯しめて、父の横たわっている布団の前で、号泣した。それから親しい年上の友人にメールした。

その日の二十二時頃、一時間半かかる列車を乗り継ぎ、友人はかけつけ、「よくがんばったねえ」と言って泊まってくれた。私はようやく自分を取り戻せたような気がした。

一人っ子で独身の私は、自由気ままに生きてきたが、母が七十二歳、私が四十歳の頃、母に物忘れの症状があらわれた。

父は、家にヘルパーさんが入るのを好まず、週に一回、私が実家に帰る以外は、母と二人で暮らした。私は、実家から約五〇キロの福岡市で約二〇年一人暮らしをしていたが、そのアパートを引き払い、実家で暮らすことにした。

職場は列車で片道約一時間二〇分かかるが、幸い、仕事を続けることができた。

母にとっては、いつも一緒だった父がいなくなり、私との暮らしに慣れるまでに少し時間がかかった。

初めは、週三日、一回につき約二時間のヘルパー訪問、あとの三日は、デイサービスにたかった。

行くというスケジュールだった。デイサービスに行く前は、「自分の家におったら、いかんと？」と言われたが、なんとか説得して行き始めると、嫌がらずに続けてくれてありがたかった。

ところが、父の死から約八カ月後、母が行方不明になった。幸い住所が言えたので、不審に思った方が母に話しかけて、車で送ってくださった。それからは、デイサービスを二カ所にして、私の仕事の日以外、母には毎日通ってもらうことになった。

しかし、その一年後の四月初め、朝の六時、母を起こそうと布団をめくると、もぬけの殻であった。その頃はまだ、別の部屋で寝ていた私は、約一時間前に起きていたが、布団が盛り上がっていたので気づかなかった。

母は、朝五時前には家を出ていたのだ。私は、家を飛び出て、走りながら携帯で一一〇番に電話した。ものすごい形相で走っていたのだろう。行き交う人々があきれたような表情で振り返る。幸い今度もすぐに見つかった。

どこかで転倒したらしく、顔にすり傷をつけて、見知らぬ他人の家のチャイムを鳴らして、そこの家の方が一一〇番通報してくださったらしい。交番で対面した母は寝巻き姿で、私が「無事でよかった」と、涙をうかべてもぼーっとしていた。

この日も私は、そんな母を家に置いて、会社に行った。

会社員の娘と認知症の母の二人暮らしは、綱渡りの日々だった。

私の仕事はシフト制で、九時と十一時半と月に約二回は十三時の出勤がある。九時出勤の日は、母を六時に起こし、着替え、食事等をすませて、七時に家を出る。

初めの頃は、玄関まで見送ってくれたのだが、戸を閉めると母の白くて長い指が、「行ってらっしゃい」とトントンと叩く様子が、すりガラスから透けて見えて切なかった。列車を降りて午前八時半、母に電話をかける。遅い時は一〇回くらい電話のコール音が鳴り、私は冷や冷やする。やっと母の声が聞こえる。「ごめんねえ。今、トイレ行っとったんよ」「母さん、大丈夫？　もうすぐ迎えの車が来るからね。玄関開けてね」「ありがとね」。

仕事は十七時まで。まだ残っている同僚に後ろめたさを感じながら、私は、駅まで猛ダッシュ。十七時二十三分の列車に飛び乗る。乗る前に朝と同じく家に電話。母がデイサービスから帰るのは、十六時半。列車から降りるとまた電話。家に着くのは十九時。

母は、心細かったのだろう。よく目に涙をうかべて、「帰ってきてくれてありがとう」と言った。私は、母が外出できないように、門に自転車の鍵をつけていた。十三時出勤の時は、帰りが二十三時を過ぎるので、ショートステイを利用した。

日曜は、施設が送迎をしないので、私が迎えに行くと、いつも「自分で帰ればいいのに。迎えに来てもらって悪いねえ」と、謝った。

母と二人暮らしが始まった頃の私は、いつか母に暴力を振るうのではないかという不安があった。私の考える常識、母がそれと違う行動に出ると怒り、ひどい言葉を母にぶつけていた。いつもは抑えて優しくしようと思うのだが、ときどき我慢の壺があふれてしまう。怒りながらも心の中で「誰か、いい加減にせんねって、私を止めて」と思っていた。

父の死から半年くらいまでは、「一緒に父の元にいけたら楽かもしれない」と思うこともあった。そんな私の心が少し変わってきたのは、認知症の家族のいる方の手記を読んでからである。

私の気持ちを押しつけるのではなく、母の気持ちに寄り添うことが大事なのだ、と思った。母のことが大好きだったのに、このままではいけない。病気のせいなのだ、という気持ちが芽生えてきた。

平成二十五年五月、脾臓《ひぞう》の梗塞の疑いで母が入院した。投薬で一週間ほどで治ったが、尿が出なくなり、カテーテルをつけ、もう自力では無理と言われたが、リハビリ病院に転院後、看護師さんたちの尽力で尿が出るようになり、その後、老健施設に入所した。

そこは、照明は暗く、すぐ隣のベッドからは、「助けて〜」という女性の弱々しい声が聞こえ、別の部屋からは、男性のうめき声、ゲームセンター並みの大きさのナースコール、私はすっかり戸惑ってしまい、母を見ると「ここは静かやねえ」と言う。

「ああ、難聴でよかった」と思った。

そこで約一カ月過ごす間、家への数時間の外出、一泊、二泊とだんだん自宅に慣れる練習をして、お盆前にようやくわが家に母が帰ってきた。

家に車がないのでタクシーを利用したが、私にとっては凱旋《がいせん》パレードの気分だった。

しかし、三カ月家を離れることで、母にとって娘はいつも一緒にいる人ではなく、訪ねてくる人となり、一日中一緒にいると私を娘と認識できなくなり、「家に帰らなくては」と言う。ようやく帰ってきたのにと思うと、やるせなかった。

だが、それから約一カ月後、再入院となってしまった。

食事がとれなくなり、悪性リンパ腫という思いもよらぬ病名が告げられて約一カ月後、手術も胃ろうも、抗がん剤もしないことにしたため、療養型の病院に転院した。約三〇分かけて病院のストレッチャーに乗せられて移動したが、車中で、「ここはどこだろう」という顔をした後、私を見つけると、久しぶりに満面の笑みを浮かべた。そして病院に到着して一時間後、私の手を強く握ってしばらく後、母の息が止まった。急いで医者を呼んだが、母はもう目を覚まさなかった。八十二歳だった。

私は、母にすがって泣かなかった。それをしてしまうと、もう何もできなくなりそうで。しっかりしなくては、「母さん家に帰ってゆっくり話そうね」と思いながら、すぐに叔母、葬儀社、会社に電話をかけた。

母との二人暮らしが、たった三年で終わった。お葬式は家でしようと思った。母の妹たちに「可哀そうな姉ちゃん」ではなく、最期まで一生懸命生きて、私に笑顔を見せて逝ったこと、母と二人で支え合って生きることができて幸せだったことを伝えたかった。

父は亡くなる前に母を見て、「一緒に連れていけたらなあ」と言ったが、母と暮らしたこの三年があるから私はこれからもがんばれる。母さん、いつも「みこちゃんが一番よ」と言ってたのに、亡くなる少し前、うわ言で「父さんが一番よ」って言ってたね。調子がいいなあと苦笑いしたけど、あれは父さんが迎えに来てくれたのかなあ。母さん、子どものいない私に、子育ての真似事をさせてくれてありがとう。

父さん、この三年は針の山ではなかったよ。大きな石が転がってきたこともあったけど、多くの人の支えと、母さんのがんばりで何とかやってこれた。空き巣に入られたこともあったけど、私の料理を喜んで食べてくれたり、年末には、二人で焼き鳥屋で忘年会したり、母さんの友達を呼んで家で落語をしたり。

かかりつけ医の先生が、「お母さんはよくがんばられました」って仰った。

あまりに濃厚な日々だったから、一人になってどうしていいかわからなかったけど、お正月に猿田彦神社で「初めの一歩お守り」を買ったよ。かけがえのない母さんの笑顔と思い出を胸に、「初めの一歩」を踏み出します。

# 妻の灯火

山賀　淳

お恥ずかしい話だけれど、じつは私、介護が大嫌いだった。見るのも聞くのもまっぴらごめん。介護にだけは絶対かかわりたくない、その一念で生きてきた。

年老いた人や病をもつ人の肌に触れるなんてもってのほか。入浴を手伝ったり、排泄の世話をしたり、そんな陰気な汚れ仕事はしたくない。

もちろん、自分が介護されるのもお断り。超高齢社会など他人事だと決め込んで、現実から目をそむけていれば、逃げ切れると考えていたのだ。

しかし、介護は突然やってきた。

妻が進行がんに見舞われ、看病・介護が必要になったのである。病気の存在が判明したとき、卵巣にできた腫瘍《しゅよう》は、すでに他臓器への転移を起こしており、手術は容易ならざるものとなった。

開腹するとすぐに癒着部分から出血をきたし、妻は危機的状況におちいった。手術室の隣に設けられた小部屋に呼び出された私は、執刀医から「出血が止まりません。輸血はすでに人間の総血液量の二人分以上に達しています。術中に万一の場合があることを覚悟してください」と告げられた。

控え室に戻った私は、心の中で、死の谷の淵《ふち》を歩く妻に向かって帰ってくるよう、ひたすら呼びかけつづけた。

結局、手術は一二時間にも及んだ。病院スタッフの努力により、妻はかろうじて命をつなぎとめたものの、胸から腹部にかけて残る二十数針の傷跡に加え、腸と腫瘍との癒着部摘出に伴い、腹部に人工肛門をもつ痛々しい身体となっていた。

それでも生きていてくれる。歩行もままならない、衰弱した姿であっても、大切な人が生きている。それだけで、どれほど大きな喜びだったか。

そして、二人にとっての濃密な時間が始まった。食事の介助、清拭、洗濯、人工肛門部のパウチ（便を受け止める袋）交換など、夫としてできることは何でもやった。

夜間、「きれいな柄のパジャマが欲しい」と妻にせがまれ、街中の店を走りまわって、お気に入りの一着を見つけてあげたこともある。

やがて腹水がたまるようになると、傷口から体液がにじみ出し、パッドをあてていても、シーツまでがびしょ濡れになることもあった。最期が近づいてからは、妻が大好きだった自宅に戻って二四時間付き切りで介護していたので、ナースやヘルパーがいない深夜や早朝に、着衣とシーツを交換するのは、正直いって骨身にこたえた。

それでも、荷厄介などと思ったことは一度もない。妻が病に倒れるまで、仕事のために年間一〇〇日以上も家をあける生活をしていた私にとって、妻への介護は、あざやかで安らぎに満ちた日々であった。

私たちは子どもこそ授からなかったけれど、二人の暮らしには、いつも笑いが満ちていた。出かけるときも、家でのんびりするときも、いつだって二人は一緒だった。

だから、妻と過ごせる時間を一日でも、一時間でも長く保ちたくて、私は介護に夢中になっていたのである。長時間の手術に耐えた妻であったが、体内には転移したがん細胞が居座っていた。術後に始めた抗がん剤も、めざましい効力を示してはくれない。

嵐にもまれる立ち枯れた幼木のように、妻の命も、いつポキリと根本から折れるかわからない、そんな危うい日々が続いていたある日のこと。私は医師に呼ばれ、絶望的な言葉を聞くことになった。

「奥さんに残された時間は、もう〇週〇〇単位だと思ってください」

自分でも信じられぬほど涙があふれ出て、「わかりました」と答えるのが精一杯。妻のいる部屋へ戻ると、どういうわけか、彼女はいつにもまして明るい笑顔で聞いてきた。

「先生、なにか言っていた？」

私は充血した目を見られるのが怖くて、しきりに部屋の片づけなどをしながら、「ああ、病状が安定してるってさ」と、言いつくろった。

結婚して二〇年、妻につく初めてで最後の嘘であった……。

手術から二〇〇日あまり。生命の息吹があふれる初夏に妻は逝った。

彼女のためにできることはすべてやったはずなのに、苦しかったろう、つらかったろうと思いかえすたび、悲嘆が激浪となって押し寄せ、私は精神の制御がかなわなくなった。

仕事も辞め、妻が亡くなってから後の半年間は何をしていたのか、はっきり思い出せないくらいである。

妻を救えなかったことへの激しい後悔と慚愧《ざんき》の念。自暴自棄になり、毎日アルコールに手を出したりもした。

「亡くなった人の分までがんばらなくちゃね」

などという励ましを受けるたび、言いようのない怒りが全身を駆けめぐった。かけがえのない人を失った痛みが、お前たちにわかるのか。どうにでもなりやがれ。世界中が滅びてしまえばいいいと願ったことさえある。

妻が使っていた品々は、慟哭《どうこく》の引き金だ。コップ一つ、ハンカチ一枚を目にするだけで、息が止まるほど胸が苦しくなる。

そこで、遺品は処分することを心がけ、つぎつぎにゴミ袋へと投げ込んだ。彼女の愛読書やノートの類も迷わず捨てたが、それらの中にホームヘルパー二級講座のテキストとレポートが混じっているのを見出した。妻は生前、ヘルパーの資格を取得していたのである。いったいなぜ？　親の面倒をみる日のために備えて取ったのか。あるいは私がいつも家にいないので、寂しさをまぎらすために受講したのか。

いずれにせよ、壊れかけていた私の中で、新しい何かが殻を破って飛び出した。いちばん嫌っていた介護という道。一歩を踏み出すのに戸惑いがなかったといえば嘘になる。単純に、妻と同じ経験をしてみたいという甘えた気持ちだったかもしれない。

だが、私にはその道のはるか先で、妻がかすかな明かりを灯してくれているような気がしたのだ。

一周忌を迎えるころ、私は自宅近くにあるサービス付き高齢者向け住宅のヘルパーになっていた。このサ高住は、おもに障がいをもつ高齢者のために作られた賃貸住宅である。私が勤務するサ高住は在宅ケアのように、入居者のプライバシーと自由が保持されているのが特徴だ。

介護スタッフも常駐しているので、入居者の要望や不安に対して、即座に対応できるうえ、多額の入居一時金も必要ない。入居も退去も気軽なサ高住ゆえ、一般のマンション同様、いろいろな人が集うことになる。

人の手を借りずに、ほとんど自立した生活が可能な方もいれば、ベッド上での寝返りにさえ援助が必要な方もいる。頻繁にご家族が訪ねてくるにぎやかな居室がある一方、頼れる身寄りがなく、いつも静かな居室もある。

経済的な余裕度にも開きがあるし、趣味や現役時代の仕事・肩書きも多種多様。糖尿病、白内障、パーキンソン病、慢性閉塞性肺疾患、半身麻痺、認知症などなど、背負っている病気や障がい、状態もさまざまだ。

そのため介護スタッフは、コミュニケーションにはことのほか気をつかう。障がいをもつ高齢者だからと、十把一絡に「介護してあげる」といった態度は、なによりも慎まねばならない。

普通の生活を考えればわかるだろう。隣近所を手助けするとしても、上から目線で一方的に援助すれば、不要な摩擦が生じるものだ。多様な人々が自由に暮らすサ高住であればなおのこと。ここでは、入居者のパーソナリティを尊重しながら、かゆいところに手が届く「絶妙なさじ加減」が求められるのだ。

とはいえ、入居者の個性に合わせた柔軟な対応ほど、難しいものはない。私のようなヘルパー初心者には、見上げるほどの高いハードルである。

入居者の中には、病の苦しさや不安、寂しさなどから精神が不安定になる人がいる。人目もはばからず、声をあげて泣き出したり、急に怒鳴りだしたりする方に接すると、ただオロオロするばかり。ほかの仕事が詰まっていれば、どうしても焦りが顔を出し、「いい加減にしてくれないかなあ」という不実な態度に傾く自分を見せつけられる。

思うさま不機嫌さをぶつけてくる方もいる。おむつ交換のとき、私に向かって腕を振りまわし、さらにはティッシュボックスをつかんで執拗に頭や肩をたたいてくる男性がいて、これにはまったく閉口した。私の手際の悪さも原因の一つなのかもしれないが、毎回のように邪険にされると、心がささくれ立ってくるものだ。

そんなとき、思い出されるのが妻の介護をしていたときの気持ちである。

痛みを抑えるモルヒネを使用するようになってから、妻の意識はもうろうとして、自分の名前さえ言えなくなっていった。しかし、ベッドの上で呼吸をしているだけの肉体になろうとも、私には、ただ生きていてくれるだけで幸せだった。

大切な人がともに生きている喜び――それを思い出すたび、荒みそうになる気持ちは、いつも静境な森へと引き戻される。

介護で難しい場面に出合うとき、そこにはつねに妻がいる。私はそう思うようになった。今はまだ駆け出しのヘルパーだけれど、大嫌いだった介護の仕事を、いつの日か大好きと言えるように、自分を磨いてゆきたい。

介護の道のはるかな先で、妻が照らしてくれる灯火に近づくため、今日も私は職場へ向かう。

# 認知症の母と暮らした一〇年間

## ～言語聴覚士の記録から～

綿森淑子

アルツハイマー病の重症度の指標であるＦＡＳＴ（Functional Assessment Staging＝日常生活状況を総合的に評価して重症度を判定する評価法）[*1]の七つの段階をたどりながら認知症の旅を続けてきた母は、昨年秋、最終段階の一つ手前のステージ七〈e〉（非常に高度の認知機能の低下、〈e〉笑う能力の喪失）に至った。

その頃までは嚥下調整食[*2]を食べることができていたが、飲み込む力が弱くなり、肺炎と心不全を合併し、一カ月ほど前から end-of-life care の段階に入った。維持点滴のみで口からの水分と栄養の摂取ができなくなった母のための緩和ケアと口腔ケアは、言語聴覚士である私が行う。日に何回か、酸素マスクをはずし、白湯と大好きなリンゴジュースを少し薄めてモアブラシ[*3]に浸して口に入れてあげると、母は待っていたかのように舌を動かしおいしそうに音をたてて吸ってくれる。そのうち、「ごっくん」という嚥下音とともに喉頭の上下運動が起きる。白湯で口腔内をきれいにし、保湿用のジェルを塗ればケアは完了となる。日中の身体介護は長年来てくださっているヘルパーさんたちが頼みの綱だ。朝夕二回の訪問看護で状態観察と着替え、点滴交換などをしてもらう。週二回、医師の訪問診療もお願いし、何とか一人で母を支える毎日が続いている。

## はじまりは

「字が書けない」。母の認知症は書字障害から始まった。一人暮らしの生活を心配し、週末ごとに広島と名古屋を往復する遠距離介護を始めたのは一二年前のことだった。この頃の母はFASTのステージ三（軽度の認知機能低下）で、日常生活は可能だったが帳簿つけなどの複雑な作業はすでに困難になっていた。

自宅に住み続けたいという母の意思は強固で、他に選択肢がなかったことから、一人っ子の私が介護退職し、実家に戻ってはや一〇年になる。

東京で脳損傷によるコミュニケーション障害についての研究や臨床を行っていた私は、二〇年前に開設された広島の大学で、言語聴覚士を目指す学生に認知症の人のコミュニケーション障害を含む専門分野の講義と臨床を受け持っていた。認知症ケアの大変さについては十分認識していたつもりだったが、実際にアルツハイマー病を患う母と一緒に「暮らす」中で予期せぬ反応に直面し、知識だけでは解決できない自分の感情の動きに嫌悪感を抱くとともに、専門職であるがゆえに理想的なケアをしなくては、というあせりから自然に湧き起こる感情を抑え込もうとしてストレスをため込むことになった。

そうしたある日、母は私に「(自分の状態を知り記録することは)勉強になると思うよ」と言ったことがあった。専門的な勉強を重ねて言語聴覚士になった私が、認知症の母とともに辿る介護のでこぼこ道を記録することが、新たに認知症の人の介護を始めるご家族の助けになるかもしれない、また言語聴覚士が認知症の人のケアにどのような役割を果たすことができるのかを明らかにしてゆくことができるかもしれない、それこそが母の思いを生かす道ではないかと思ったことが、母の介護に対する考え方の転換点となった。

## 言語聴覚士でよかった

五人の弟妹の長姉としてしっかりもので優秀だった母は、周囲から支援の申し出があったにもかかわらず、「女に学問はいらない」という父親の一言で上の学校に行かせてもらえなかったことをつねづね悔しがっていた。

そのおかげで私は自由に勉強させてもらうことができ、東京の大学で出合った「言語病理学」という学問をより深く勉強するために奨学金を得て、米国の大学院にも留学することができた。その間、母は経済的な支援はもちろん、季節ごとに丁寧に吟味した品物を詰め込んだ小包を送ってくれたものだった。

認知症の人に例外なく起こるのがコミュニケーションの問題である。認知症の人では発音など話しことば自体には問題がないので、一見上手におしゃべりし、コミュニケーションがとれると思われるが、記憶の障害に加えて複数の情報をまとめて判断する、といった高次の機能の問題から、会話がかみ合わなかったり、話がずれたり、辻褄《つじつま》が合わない話をするなどの問題が起こるようになる。

不安を抱える認知症の人は傷つきやすく、話し相手の対応の仕方によってもさまざまに影響される。進行すると、ことば数が激減し、言語理解力も低下して、徐々に挨拶や、ののしりことばのような馴染んだ言い回しや、意味不明の発話だけが残る段階へと収束してゆく。疾患が進行すると、飲んだり食べたりする能力（摂食・嚥下機能）にも問題が起きてくることがある。いずれも言語聴覚士がかかわることによって、認知症の人が穏やかに過ごせる方法を考えてゆくことができる。

母の場合、私が同居を始めたころから認知機能低下が徐々に進み、「あんたは淑子ではない」というなど人物認知の障害、二〇年前に亡くなった夫を「お父さんがまだ帰ってこない」と待つ行動、家にいるにもかかわらず、夕方になると「家に帰る」と風呂敷に〝荷物〟（身近にある下着や靴下などを手当たり次第に入れるのだが）を包み込んで落ち着かなくなる行動などなど、多彩な症状が観察された。

そして、認知症の深まりとともに母と私が共有していたさまざまな記憶が消えてゆき、会話はその場限りの瞬間的なものとなっていった。学生への講義の中では認知症の方とお話するときは、「今、その場で起きていることを話題にしなさい」と教えるのだが、実際にその状況に陥ったとき、家族としての共有記憶に基づく会話ができないむなしさは、言いようのない寂しさとなり、家族の立場を身に染みて知ることになったのだった。

七年前に大腿骨骨折を起こしてからは理解できることばも、話せることばも激減した。生活機能も大きく低下し、食具を使って自分で食べ物を口に運ぶことができなくなった。食事は介助すれば可能であったが、三年前に脳梗塞を発症し、重度の摂食嚥下障害が起きた。しかし、残されている機能を把握し、経口摂取の可能性を見出すことができ、経験豊富なヘルパーさんのきめ細かな観察と摂食介助、口腔内刺激などのリハビリテーションが効を奏し、一カ月後には嚥下調整食を食べられるようになった。その後二年間にわたり、口から食べ、栄養状態を良好に保つことができた。

終末期を迎えた今、末梢《まっしょう》循環不全による右足小動脈の多発性血栓という予期せぬ事態が発生し、母は日夜痛みと闘っている。この現在の姿もまた、私たちにさまざまなことを教えてくれている。ことばや声を使って痛みの訴えをすることができない母は、首を左右に振り、右足と右肩を大きく上下させて非言語的に苦痛を伝えていた。声というもっとも即時的、かつ直接的な伝達方法がないだけに、よく観察しない限り気づいてあげることのできない行動である。言語聴覚士として培ってきたきめ細かな観察力と母の過去の生活についての知識が認知症の母を支えるうえで大きな役割を果たしてきたことは間違いない。

三年前、まだ話せることばが少しだけ残っていたころ、ヘルパーさんの一人が母に「この人は誰？」と私のことを尋ねたことがあった。言語聴覚士の立場からいうと、記憶に問題のある認知症の人に対して、知識を問う質問をするのはＮＧである。しかし、母の答えは意外なものだった。「一番大事な人」。ずっと以前から私が娘であることも理解していないようであったし、名前を言うことなど、とうの昔からできない状態だったので、答えに窮して機嫌を損ねるのではないか、と思っていた私にとっては驚きと同時に心のどこかでそんな風に思っていてくれたのだ、とわかったことがこのうえなくうれしく、その一言でこれまでの苦労がすべて消え去った思いであった。

## おわりに

一〇年に及ぶ母の介護を支えたものは、症状や進行の仕方など認知症についての専門的な知識とそれらに対応できるスキル、介護や医療についての情報収集力、そして支えてくれた大勢のヘルパーさん、訪問看護師、医師、ケアマネジャーのチームの存在であった。もちろんSOSに応えて東京から駆けつけてくれる夫、結婚や出産などのライフイベントを認知症の祖母と共有するためにきめ細かな計画を立て、心を砕いてくれた一人娘の存在が大きかったことはいうまでもない。

最後にこれだけ手厚い介護が可能だった背景には、母自身が病前から周到に準備していた経済的な支えがあったことを付け加えておきたい。専門職としての知識と経験を総動員して行ってきた母の介護が、今後何かのお役にたてばうれしいと考えている。

**注**

**＊1** 末光茂、武田則昭「第5章　痴呆性高齢者の評価と指標4　実用的なスクリーニング」、江草安彦監修『新・痴呆性高齢者の理解とケア　old culture から new culture への視点』（メディカルレビュー社、二〇〇四年、一六二〜一七五頁）

**＊2** 嚥下調整食＝低下した嚥下機能を補うために、嚥下しやすいように整えた食べ物のこと。嚥下調整食の条件は①密度が均一、②適当な粘度がある、③口腔や咽頭を通過するときに変形しやすい、④べたつかず、粘膜に付着しにくいといった条件を満たす

食べ物。北条京子「第6章　摂食・嚥下障害のリハビリテーション2　代償法」、倉智雅子編『言語聴覚士のための摂食・嚥下障害学』（医歯薬出版、二〇一三年、一四七～一五五頁）

＊3　モアブラシ＝口腔内粘膜にフィットするように丸く植毛された口腔ケア用ブラシ

# 介護の普通を考える

S・Y

「自宅での介護、普通は難しいですよ」

寝たきりで週三回の透析が必要になった妻の父に、病院の相談員が投げかけた言葉は残酷でもあり、優しさでもありました。次の日、一人では暮らせない義父との同居を決意しました。介護の普通という基準について考えさせられた経験です。

義父の在宅生活を進めている中で周りからの声は冷ややかでした。週三回の病院付き添いや仕事との両立について、有効な情報は少ない中、「介護はそんな簡単じゃない」と言われました。その度に〈簡単な介護なんてある訳がない〉と心の中で葛藤していました。周りは心配してくれていただけなのに……。

三十歳にして、親の介護が始まりました。同居してみると居心地は悪くなく、一緒に暮らしているから見えてくることも多く感じます。当時、周りが心配してくれたのは介護を知らない不安からだったのだと思います。実際に生活してみると何とかなるものです。

若くして介護が始まるとヤングケアラーと呼ぶようですが、充実する二〇代、三〇代を介護に費やすことに人生の負担感を感じる傾向があるようです。私自身は、違う観点を義父からいただいています。ヤングケアラーの場合、体力があるうちに介護が始まるプラス面もあります。若い世代はインターネットからの情報も簡単に取り出せるため、介護問題も解決しやすく、私自身も情報収集をすることでたくさん助けられました。

実父ではなく、妻の父との同居という部分も私にとっては刺激が大きかったです。日本の介護は依然、女性が担っていて、一人で抱え込んでしまう傾向があります。本来は夫や男性に介護問題を投げかけるのが、良好な介護のあり方だと思いますが、現状として男性は仕事に追われ、介護問題は後回しになりがちのように感じます。今でこそ、男性の子育ては盛んになってきましたが、そこに介護も追加していくことが、今後の高齢社会には求められてくるのだと思います。

私自身、同居から一〇年が経過する中、今では三児の父となりました。育児と介護を男性の視点で深く考えていきたい想いが強くなり、会社勤めから自営業に転身しました。介護体験から人生が一転しましたが、得たものが多い一〇年間でした。

長年、育児と介護が交わるわが家において、義父の気持ちも大きく変化してきました。

とくに孫から受けるパワーが一際大きいようです。長男坊が一歳の頃、義父の車いすにべったりくっついては離れない日々でしたが、孫の動きに合わせてリハビリを行う義父の姿には感動すら覚えます。リハビリの先生の言うことは拒否しても、孫には甘い姿を見せます。子どもたちにとっても義父の存在は大きくなりました。

「なぁに?　じぃじ?」とベッドに駆け寄る子どもたち。

義父と子どものおむつ交換が重なり、家の中が何ともいえない匂いの日もあれば、子守唄を歌っていると、横に並んでウトウトしている姿もわが家らしくて笑えます。

子どもが三歳になる頃には、かかわりがより深くなりました。保育所から帰ると一番に向かうのは義父の部屋です。

「ただいま〜、じぃじ。今日なぁ、学校でなぁ。かけっこしてコケたぁ」と絆創膏《ばんそうこう》を自慢げに見せる日常。

「じぃじが帰ってきたらアイス半分あげる」と言いながら、アイスの半分を冷凍庫に入れて病院の帰りを嬉しそうに待っています。子どもは介護を当たり前のように捉えていて、介護が特別ではないと気づかせてくれました。

弟が生まれてからの介護はさらに充実していきました。

「じぃじの車いすなぁ、危ないからなぁ、触ったらあかんでぇ」と弟たちに先輩面をしている長男。体調を崩し入院中の義父を毎日のように心配していた次男。

「じぃじ早く帰ってきてほしい」

七夕の願いことにはじぃじが元気で帰ってくださいという内容でした。

私たち夫婦は子どもたちの行動に対し、心の介護負担が軽減されてきました。介護と子育てに魅了されながらの生活です。

介護が一〇年を経過し考えついたことが一つだけあります。〈介護には人それぞれの普通と特別がある〉ということです。

自宅での介護が難しいかどうかは、専門職ではなく本人や家族で話し合って決めることができる社会がいいのではないでしょうか。専門職は本人や家族で決定した内容に対して、寄り添って考えることが大切ではないでしょうか。黒子の介護で十分です。専門職から自宅での介護は難しいと言われたとき、家族として多少なりとも不安になったのは今となってはいい経験です。義父の介護を始めたあの時の判断は、間違いではなかったと感じています。

もし同居という決断をしていなければ、子どもたちと義父のコミュニケーションは今ほどなかったと思います。介護が必要になったから、義父と濃密な時間を過ごすことができました。

私自身、介護体験を通して心の豊かさをいただいたと思います。世の中はピンピンコロリを望む声も多いですが、介護期間が長くなったとしても、介護を受ける側と提供する側のお互いが幸せになる社会であってほしいです。

介護一〇年が経過する中、介護の普通という基準はみんな違ってみんな良いということを再認識し、これからも一日一日を大切にして、義父との生活を楽しみたいと思います。

# 総　評

それぞれの体験記を読んで

# 一億総介護者時代の中で

樋口恵子

介護の営みがじつに多様化し、日本人のあらゆる層の人が参加している、まさに一億総介護者時代、というのが第一印象でした。

四四四作品の中から最終選考に残った五七人の予選通過者の中に、なんと一割近く、五人の百歳超の被介護者がいらっしゃったことは驚きでした。まさに人生一〇〇年時代。介護する最高齢は八十五歳。最優秀賞の小澤里美さんですが、「娘」の立場です。まさに超老老介護です。

続柄からみると、介護者は「娘」が二六人、「息子」三人に対して、「嫁」は七人、「婿」三人。実の親と子で約半数を占めました。少し前まで最大の介護の担い手だった「嫁」は介護者として激減しています。娘と息子が増えているのは統計上も明らかですが、それ以上に義理の関係ではなかなか手記を書きにくいのでしょう、夫婦が五人。一人で四人の双方の両親をみる人などの多重介護もあり、孫や曽孫というヤングケアラーが七人、施設職員・ヘルパーなど専門職が七人、五七人のうち男性一〇人。仕事などで結ばれた赤の他人同士が二組。

家族という介護資源が激減する大介護時代はもう目の前、それは、三親等以内の親族が少ないファミレス社会（family-less）です。誰もが人生の一部で介護者であることを組み込み、血縁がなくても地域を中心に支援し合う、そうした地縁支援社会の構築が急がれます。

その点、介護保険制度の創設が、明らかに家族介護のかたちと心模様を開放的な方向へ変えていることが全編通して伝わってきて、心強い限りでした。この制度はいささか商業化しすぎたと個人的には思っておりますが、それにしても今後のケアを中心とした地域創生の柱であることは変わりないでしょう。介護を「見える化」し、高齢者自身が社会の中のかかわりを楽しんでいるご様子が伝わってきました。

介護は苛酷な作業を含み、とくに介護者の側はときに地獄を見、鬼になる瞬間もあるはずです。最終選考五七編の作品はすべてそのような葛藤を乗り越えて、力強い達成感と幸福感に包まれていることに感動しました。その原動力は、家族か、医療・介護職かを問わず、他者の支えがあること。孤立していなかったことです。

この体験記の選考中、二つの裁判の判決がありました。一件は妻が夫の、一件は夫が妻の命を奪った事件で、事情は違いますが、いずれも介護中でした。介護という労働の苛酷さと、夫婦間の心理的葛藤に加えて、そこに至る介護者の心情はどんなに孤独だったかと思います。

本書に収められた万華鏡のように多様な介護体験が、いま言葉にもならぬ苦しみ、悩みの中にいる方に、きっと寄り添ってくれると思います。大変なときはどうぞ「ヘルプ・ミー」と声を上げてください。気がついた方はどうぞ支えてあげてください。本書がそんなお役に立てばこのうえのない喜びです。

# 介護の渦中にいる方へ支えと励まし

沖藤典子

応募総数は四四四作と聞きました。その一作一作に苦悩があり、感動があり、家族の、そして人生の物語が描かれていたことでしょう。介護の現実を書き残そうとしたその思い、その意欲に深く敬意を捧げます。私は最終選考からかかわりましたが、その五七作品もまた、介護の辛い現実に触れながら、人間の営みのすばらしさを描き、感動的な作品ばかりでした。どの作品も最優秀賞に価すると、私の選考は難航しましたが、落ち着くべきところに落ち着いたというのが実感です。

驚いたのは、介護されている人の超高齢化です。在宅では、百五歳の方が三人、百四歳が一人、施設利用者で百歳が一人。在宅介護で、百歳以上が四人です。改めて高齢化の現実と、介護の困難が浮き彫りにされました。さらに、九十歳以上が一九人、八十歳以上が二一人と計四〇人。七割に達しました。その介護期間も長く、一〇年以上が一七人、二〇年以上が二人です。介護している人の年齢は、二十三歳から八十五歳まで（最優秀賞の小澤里美さんは八十五歳で今回応募者の最高齢でした）。六〇代が多くて一七人、五〇代が一四人です。男性の介護者も一〇人いました。男性の友人を介護している人もいました。

最優秀・優秀作品受賞作品への評は別項にありますが、佳作の作品にもたくさんの感動作がありました。

S・Yさん作『普通の介護を考える』。彼は一〇年間妻の父の介護を続けており、職も変えました。今でも妻とともに三人の子どもの子育てをしながらの介護です。「介護体験を通じて心の豊かさをいただいた」と書き、〝じぃじ〟を中心とする家庭の様子が忍ばれて、読むほうも胸が温かくなりました。

胸詰まるのは、二一年間くも膜下出血で倒れた夫の介護をしている、藤沢麻里子さんの作品『箱入りパパ』です。途中実母の介護も加わり、合わせて「要介護度一〇」。彼女自身も更年期障害が辛く、どんどん落ち込んでしまい、ある日、ベッドに覆いかぶさり夫の首に手をかけます。「イヤだ‼」という夫の声でわれに返るのですが、この方の作品には嘘がなく、介護保険を活用していても介護がいかに苦悩と疲労に満ちたものか、訴える力がありました。ただ、タイトルに一工夫が欲しかったですね。これからも続く介護、どうぞ御身をお大切になさってください。

私自身、夫の介護で経験したことですが、「死」は胸の荒野をあの世に持っていってくれるものらしく、後になっていい思い出が残ります。今回の作品には比較的「終わった介護」「思い出介護」が多かったようで、その分、清らかさ、明るさ、ユーモアが多く見られ、人間の証明としてすばらしいと思いました。その一方で、介護の渦中にいる人は苦しみも多く、体力や気力の面で手記を書く精神的、時間的余裕もなく、沈黙しているのではないかと気になります。介護中の人は、「辛い、苦しい」と世間にはいえません。私も〈介護老妻バッシング〉〈老妻ハラスメント〉をかなり受け、正直なことはいえないと思ったものです。

今回の介護手記が、介護の渦中にいる人の心の支えとなり、励ましになることを願ってやみません。

# 介護から得られる喜びや多くの学び

袖井孝子

最終選考に残った五七の作品を読んで感じたのは、第一に介護者の多様化、第二に介護保険の効果、そして第三に介護は負担や苦痛であるばかりでなく、介護から得られる喜びや教えられることが少なくないことです。もっとも、介護から得られるのが苦痛だけであったならば、おそらく介護体験記に応募してこなかったでしょう。

介護保険制度がスタートする以前の介護といえば、「嫁」がしゅうと・しゅうとめを介護するというパターンが典型でした。しかし、今日では嫁介護が減少しており、最優秀・優秀賞受賞者には「嫁」はゼロ、佳作二二のうち嫁介護はわずか二人でした。代わって増えているのが、娘介護や息子介護です。こうした変化は、三世代世帯が減少したことに加えて、未婚化晩婚化が進んで未婚子と同居する世帯が増えたことによります。実の親子であるだけに、老い衰えゆく親の実像を受け入れがたい面があり、そうしたジレンマを小澤里美さんは描きだしています。その一方で、認知症になったために、かつての怖い父親から優しいおじいちゃんに変化して親子関係が改善されたというのが鈴木禎博さんの作品『親父、ボケてくれて、ありがとう』です。孫や曾孫による介護（中西マキさん、サトウアツコさん）が登場したのは長寿時代ならではの現象といえそうです。

未婚子による介護は仕事と介護の両立が課題です。かぶらぎみなこさんは、得意のイラストで介護体験を伝え、出版の可能性が出てきました。途上国で働いた後に介護のために退職した川原あみなさんは、高齢者が大切にされる途上国に比べ、高齢者が孤立しがちな日本の貧しさを指摘、途上国と同じに皆で分かち合えれば負担は軽くなると述べています。

第二に、高齢者の在宅介護を続けるうえで、介護保険が果たす役割が計り知れないほど大きいことです。小澤さん、かぶらぎさん、岡本すみれさん、藤沢麻里子さん、綿森淑子さんなど、専門職の支援なしには在宅介護を続けることは難しかったでしょう。また、介護の体験から介護職をめざす人が出てきたこと（五十嵐陽子さん、鈴木さん、山賀淳さん）が注目されます。

第三に、介護は失うもの（たとえば仕事や交友関係）が大きい一方で、得られるものもたくさんあります。少なからぬ人が、介護をすることで多くを学んでいます。たとえば、小澤さんは母親の介護を通して日本の介護の特殊性に気づき、飯森美代子さんは母親の介護体験から老いることの意味を知り、祖母の介護を通して中西さんは効率一辺倒の介護の現状を批判的にとらえる目を養いました。

たしかに在宅介護は、大変な負担ではありますが、介護保険を上手に利用し、介護の状況を客観的に見つめ、介護体験をプラスにとらえる作品が多数みられたのは、介護保険制度のなかった時代には到底みられなかった現象といっていいでしょう。

# 介護保険が私たちの介護を大きく変えた

望月幸代

ミネルヴァ書房の杉田社長から、「介護体験記」の募集を、「高齢社会をよくする女性の会」樋口恵子理事長に選考委員長をお願いして、応募作品を書籍化したいとの依頼があり、選考段階から編集段階に至るまでお手伝いをさせていただきました。

介護は辛い体験だろうし、内々の話をオープンにするのは不安だろうから、応募数がどれくらいあるだろうかと心配しましたが、なんと集まった作品が四四四。驚きの誤算でした。選考にあたって委員全体で気にかけたことは、作品の内容を幅広く選考することでしたが、介護体験は男女、年齢、家族のかたち、職業など、多岐にわたっていました。

私は三〇代で「高齢社会をよくする女性の会」に入って、樋口代表の牽引のもと、介護保険導入前から制度導入までを見守ってきましたが、制度がスタートしてはや一五年が経ち、介護の社会化は定着したことを感じました。今回の応募作品からもわかるように、介護は、家族という内の世界から専門職や近隣として支える外の社会へ開かれている様子が見て取れました。介護保険は制度に難はあるにしても、導入してからは人々の助けになっている様子がわかり、ホントによかったと思っています。

私の実母は数年前、九十五歳で特養から老人病棟に入院して一カ月も満たぬ内に亡くなりました。在宅を含めてお決まりの介護期間が約五年でしたが、九十過ぎた親でも死の覚悟ができていなかったため、介護する側もし残したことがたくさんあり、悔恨の気持ちでいっぱいです。

さて、佳作作品の中で印象に残ったものを取り上げてみます。二十四歳で曾祖母を介護したサトウアツコさんの『優しい気持ちで朝を迎えよう』。認知症になった曾祖母は自宅でひ孫たちに囲まれて最期を迎えます。人との出会いに感動、感謝して生きることを教えてくれた曾祖母の介護を通して、生まれ変われたと結びます。

『妻の灯火』の山賀淳さんは介護の仕事は大嫌いだった、他人事だと思っていたところ、突然の妻の介護と死の中で、嫌っていた介護の仕事に踏み出したという。困難な介護の仕事の中で、彼は妻の照らす灯火に導かれて自分を励ましているのです。

『介護生活を支えたモノたち』のかぶらぎみなこさんはイラストレーター、父上を介護する体験をブログに綴り、皆に伝えています。今、父上は病院に入院、介護中ですが、ゆっくりと向き合って優しく大切な時間を過ごしています。これら全作品には、辛い体験や紆余曲折な思いがあっても前向きに生きる様子がうかがえて、体験記を読む人に明るい希望を与えてくれるでしょう。

# 読み終えての雑感

渡邉芳樹

私自身は、かつては老人保健法制定やゴールドプラン策定、介護保険法制定準備などにかかわったものの、その後二〇年ほどは別の領域で厚生行政に携わり、五年ほど前からは三年余、スウェーデン王国に特命全権大使として赴任していたことから、わが国の介護事情には相当疎くなっていました。

今回はからずも選考委員となり最終選考に残った五七編の体験記を通読して、とにかく皆いずれ劣らずすばらしい記録であると感銘を受けました。その中から、最優秀賞一作品、優秀賞三作品を選ぶことは率直に言って大変難しいことでした。樋口委員長をはじめとする選考委員の全員とミネルヴァ書房のご尽力の賜物であります。

私は一九八〇年代に、高福祉実験国家といわれたスウェーデンの日本大使館で三年間仕事をしました。過去三〇年の間にスウェーデンが公共部門を含めて本格的な市場主義社会へと大きく舵を切り、今回わが国の大使として、その間の医療・福祉の世界の苦労と変革の結果を目の当たりにしてきました。それゆえに特段の印象があります。

じつは多くの作品を読んで、おそらくとくに介護保険導入後、ケアマネジャーの導入、要介護認定もあり、比較的潤沢な新財源に裏打ちされ、今では「要介護者と家族に優しい」多様なサービスの積極的展開がなされている事実に目を奪われました。率直な印象です。

さらにいえば、介護保険構想のときから、介護現場の求めに応じ医療関係者も参画できることとされてきたことも大きいと思います。そうした中で、本人も家族もみずから経験し学び、さまざまな専門職のサービスを主体的に選ぶこと、信頼関係を築くこと、介護を通じて人生の指針を体得することの大切さを実感できたのでしょう。

今後も、日本の介護を世界に誇れる仕組みとして持続発展させてもらいたいものです。世界に例を見ない少子高齢化の進行を踏まえた、地域包括ケアシステムの全国的展開と医療と介護の本格的連携の深化は現下の課題でありますが、自然にできるものではなく、各地域ではつかみようのない打開策への模索で困難を極めることも多いでしょう。また、私自身スウェーデンでも観察できた介護人材の量と質の確保の困難と家族介護依存への傾斜を考えると、とりわけ、介護を支える人材の供給と質の確保は大きな課題です。政治・行政・専門職・市民すべてのレベルでさまざまな創意工夫が求められます。

それこそ、今回の体験記に応募してくださったすべての方の期待であり、関係者が等しく誓うべきことであると信じます。

# 介護体験記を審査させていただいて

結城康博

## 1　悩む審査プロセス

今回、最優秀賞（小澤里美さん『実母の介護』）、優秀賞（飯森美代子さん『母からのプレゼント』、酒井えり子さん『南天の花』、宮野聡さん『男性ヘルパー』）と計四作品が賞を得ることができ、佳作は二二作品でした。

応募作品を審査するにあたり、非常に悩む作業でありました。実際、介護体験記を審査することは難しく、それぞれ魅力ある作品であり、すべてが最優秀賞といっても過言ではありません。しかし、審査しなければならない経緯から、最優秀賞に選ばれた小澤さんの作品は、被介護者から玄孫に至るまでの世代を超えた層にとって、「介護」問題を訴えることができる作品であったためでしょう。

とかく「介護」とは、要介護者と介護者、そしてヘルパーなど当事者が中心となった話題になることが多いでしょう。しかし、小澤さんの作品は世代間の垣根を越えたテーマとなっていることが印象深かったです。また、飯森さん、酒井さん、宮野さんの作品は、シングル介護や介護士不足など、介護における主課題をテーマに挙げており、読者に説得力のある作品であったため、優秀賞として選ばれたのでしょう。そして、佳作の二二作品においても、どれもが最優秀賞になってもおかしくないものでした。

## 2　介護現場の深刻さ

そもそも、「介護体験記」となると、楽しい、やりがいがある、人と人とのふれあいといったようにプラスのイメージが語られる反面、深刻な状況も浮き彫りとなります。たしかに、介護保険制度によって、在宅での介護生活は措置時代（旧制度）よりも状況が良くなった点もあるでしょう。

しかし、私は、介護保険制度発足後に、本格的に介護の分野に携わったため、三年ごとの改定によって、サービス抑制が実施され、しかも、貧困高齢者を中心に深刻なケースが増えている状況に危機を感じます。

今回、最終選考に残った体験記五七作品を読ませていただき、介護現場の深刻さが窺え、介護システムの再構築の必要性を痛感させられました。しかも、体験記から「介護離職」

「認知症」「老老介護」といった切実な現場の様子が窺えます。

### 3　体験記を通して介護の辛さを分かち合える

介護のすばらしさを啓発することは、体験記の大きな意義であると考えますが、その辛さや困難さを啓発する意味でも重要です。家族機能が低下している今日、自分だけが介護の負担を感じ、介護者が「孤立」する傾向にある。それゆえ、体験記を通して「自分だけではない。多くの人が同じ経験をしている」といった、介護者間の気持ちの共有、情報交換などが重要ではないでしょうか。

もちろん、家族の介護者の集いなどに出かけ、介護者同士の関係づくりも重要ですが、それが難しい介護者が、体験記を読むことで精神的に落ち着く人も多いはずです。

### 4　介護は当事者では終わらせない

介護問題は、当事者だけではなく、すべての世代にわたって関連していることを市民が理解する必要があります。どうしても、医療や年金と比べると、当事者でなければ自分のことのように切実に考えづらいのです。しかし、団塊世代、団塊ジュニア世代、そして、少子化であるその子どもらといったように、介護の問題は世代を通して直面する問題です。

「シングル介護」「介護離職」「老老介護」「介護士不足」といった問題は、誰しもが関係してくる問題であります。

その意味では、介護体験記が、それらの普遍的な問題として読者に投げかけてくれていま す。超高齢化社会に突入している日本社会において、人の生き方を示唆してくれる貴重な教科書が介護体験記といえるでしょう。


昨今、介護保険制度が見直される度に、サービス抑制などが実施される傾向にあり、家族や本人にとって厳しい現状は否めません。しかし、介護サービスの充実なしには安定した社会は成り立たないと思います。現在、多くの家族はできる限り努力して介護に励んでいますが、介護サービスの充実なくしては、家族介護も持続しません。

これらの介護現場の現状が、多くの人に読まれることで、介護サービスの社会的意義が再確認されることを期待したいです。

シリーズ・わたしの体験記
介護 老いと向き合って
――大切な人のいのちに寄り添う26編――

2015年10月15日　初版第1刷発行　〈検印省略〉

定価はカバーに
表示しています

編　者　樋 口 恵 子
発行者　杉 田 啓 三
印刷者　坂 本 喜 杏

発行所　株式会社　ミネルヴァ書房
607-8494　京都市山科区日ノ岡堤谷町1
電話代表　(075)581-5191
振替口座　01020-0-8076

　冨山房インターナショナル・新生製本

ISBN 978-4-623-07471-6
Printed in Japan

《選考委員紹介》（＊は本書編者）

＊樋口恵子（ひぐち・けいこ）　選考委員長

高齢社会をよくする女性の会理事長。東京家政大学名誉教授、同大学女性未来研究所長。社会保障審議会医療保険部会委員。時事通信社、学研、キヤノン株式会社などを経て、評論活動に入り、現在に至る。

沖藤典子（おきふじ・のりこ）

高齢社会をよくする女性の会副理事長。ノンフィクション作家。（株）日本リサーチセンター調査研究部勤務、社会保障審議会介護給付費分科会委員、かながわ女性会議代表などを務めて、現在に至る。

袖井孝子（そでい・たかこ）

高齢社会をよくする女性の会副理事長。お茶の水女子大学名誉教授、一般社団法人シニア社会学会会長。東京都老人総合研究所主任研究員、内閣府男女共同参画会議議員などを務めて、現在に至る。

望月幸代（もちづき・さちよ）

高齢社会をよくする女性の会理事。（株）ミズ総合企画取締役代表。横浜市の社会教育課で婦人教育を担当したのち上記会社を設立、現在に至る。

渡邉芳樹（わたなべ・よしき）

国際医療福祉大学大学院教授。日本生命保険相互会社顧問。厚生省に入省後、大臣官房審議官、年金局長などを経て、最後の社会保険庁長官として同庁廃止を指揮し退官、駐スウェーデン日本国特命全権大使を経て、現在に至る。

結城康博（ゆうき・やすひろ）

淑徳大学教授。地方自治体で、介護職、ケアマネジャー、地域包括支援センター職員などの業務に従事し、社会福祉士、ケアマネジャー、介護福祉士の資格を有し、現在に至る。

# 資料編

# 介護のためのフローチャート

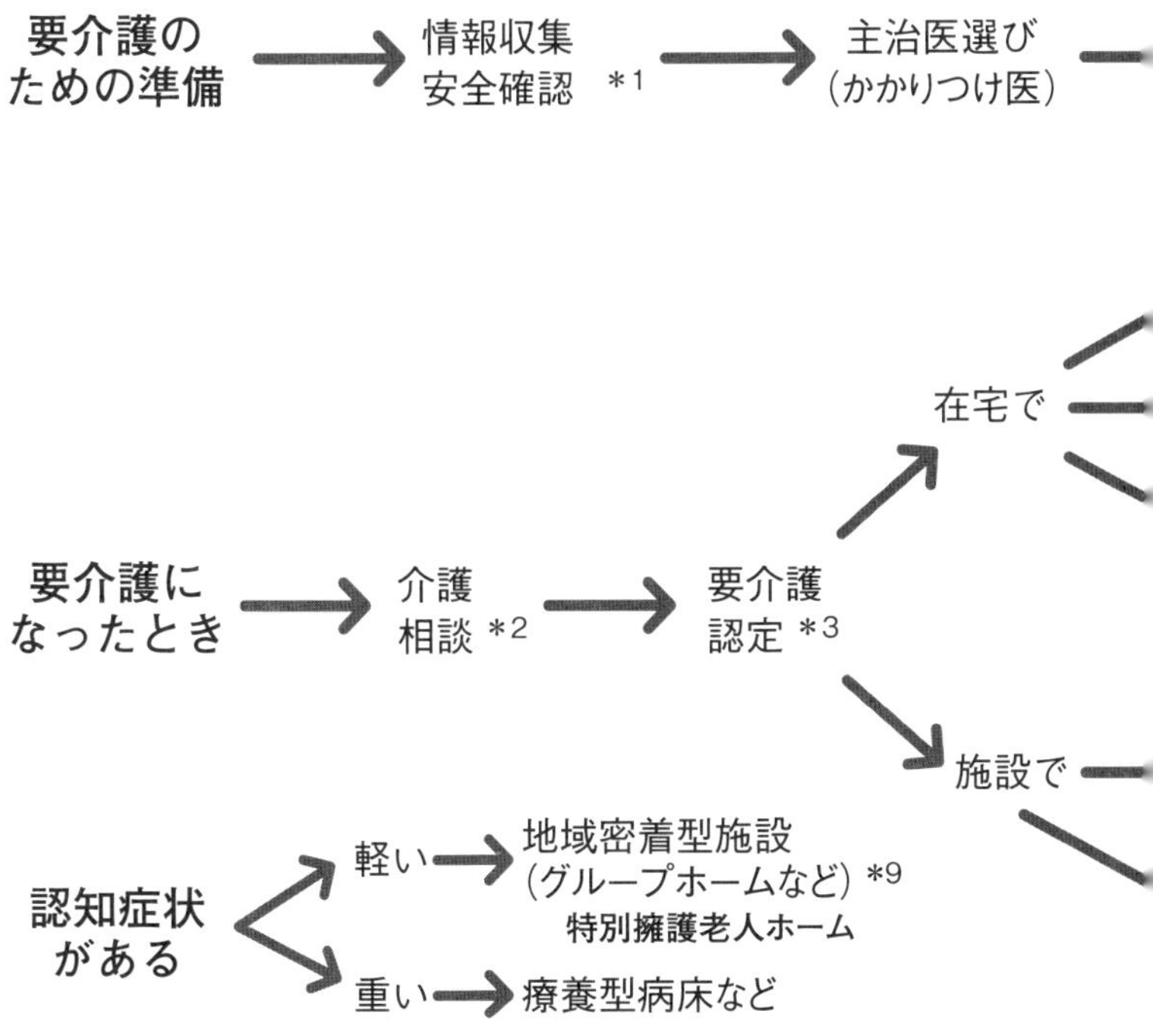


☆**介護保険を活用**

介護保険のサービスを受けるには、お住まいの市町村に申請して要介護認定をしてもらいます。要支援1・2、要介護1〜5と判定されると、在宅や施設などの介護保険のサービスを受けられますから、活用しましょう。

要介護になる前から準備しておきましょう。いざというとき慌てないために。

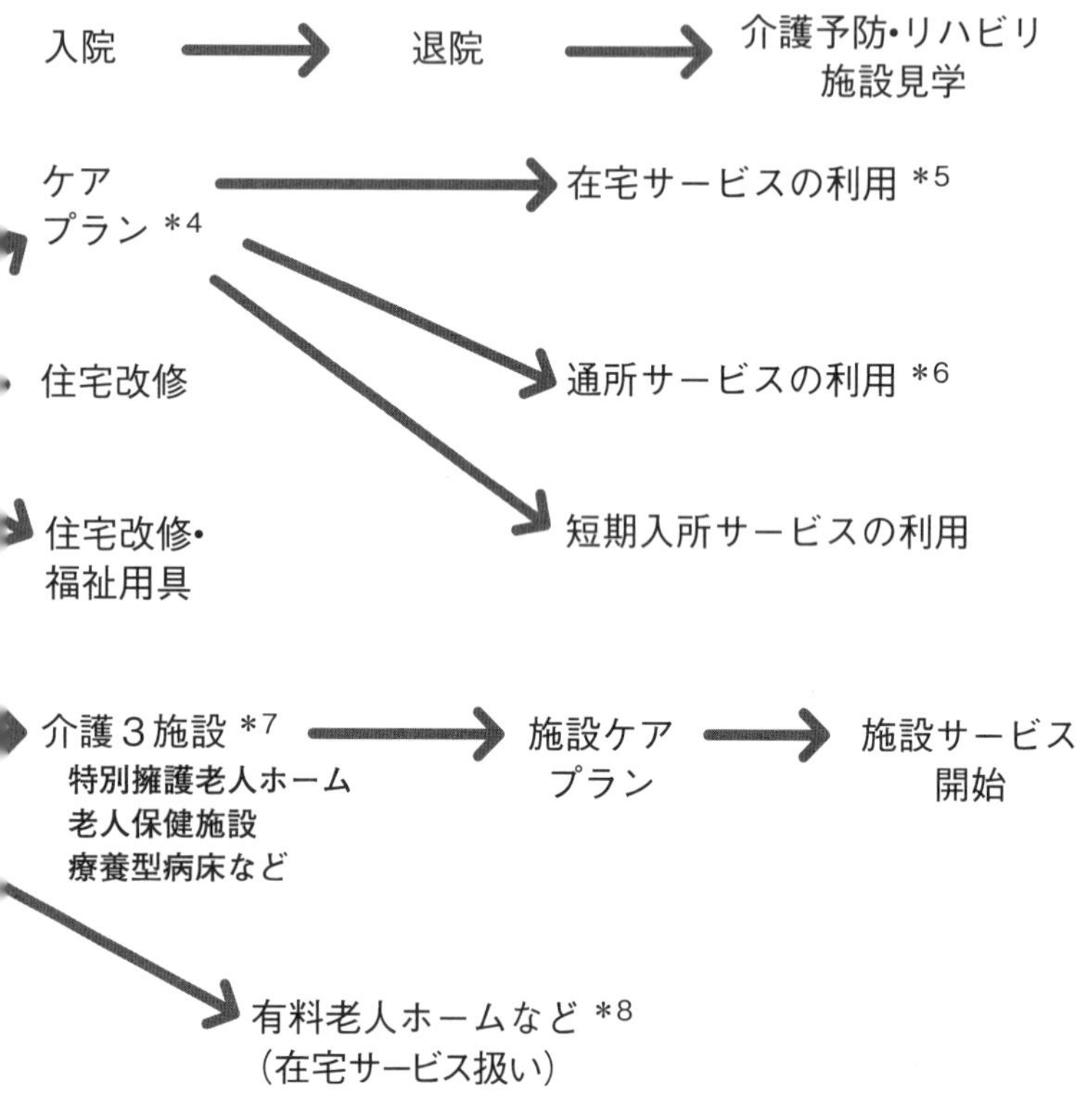


＊印は *4*、*5* ページの用語解説をご覧ください。

# 用語解説

## ＊1　安全確認

交通事故よりも家庭内事故の確率のほうが高いのです。転倒予防のためにも、つまずかないように物を片づけるなど室内を整理整頓し安全確保をしておきましょう。

## ＊2　介護相談

お住まいの都道府県・市町村の介護担当課窓口、社会福祉協議会や、お近くの地域包括支援センターなどでは、一般的な介護相談を受け付けてくれます。

## ＊3　要介護認定

介護保険のサービスを受けるためには、被保険者が市町村へ申請して、介護や支援が必要な状態であるか、どのくらい必要であるかを認定してもらいます。認定の結果、「要支援1·2」「要介護１～5」と判定されれば介護保険のサービスが利用できます。「非該当（自立）」と判定されるとサービスは利用できません。

## ＊4　ケアプラン

要介護者の心身の状況や生活環境を考慮し、利用する介護サービスなどの種類や内容、担当者などを決めた計画のことをいいます。ケアプランは利用者の希望が配慮されて、利用者や家族の同意を得て作成されます。この計画にそってサービスを利用します。在宅の場合は「居宅サービス計画」、施設の場合は「施設サービス計画」といいます。

## ＊5　在宅サービス

介護保険の在宅サービスには次のような種類があります。

訪問介護、訪問入浴介護、訪問看護、訪問リハビリテーション、居宅療養管理指導、通所介護、通所リハビリテーション、短期入所生活介護、短期入所療養介護、特定施設入居者生活介護、福祉用具貸与・特定福祉用具購入、住宅改修などです。

＊6　通所介護

在宅の要支援・要介護の人が、特別養護老人ホームや老人デイサービスセンターへ通所して受けるサービスで、デイサービスともいい、入浴・排泄・食事などの介護、日常生活上の世話や機能訓練などを受けながら、心身機能の維持や改善を図ります。

＊7　介護3施設

特別養護老人ホーム、老人保健施設、療養病床等の3施設です。

特別養護老人ホームは、要介護者が「施設サービス計画」に基づいて、入浴や排泄・食事等の介護、その他の日常生活の世話や機能訓練、健康管理や療養上の世話を受けられる施設です。

老人保健施設は、要介護者が「施設サービス計画」に基づいて、看護・医学的管理のもとで、介護や機能訓練、その他の必要な医療や日常生活上の世話を受けられる医療系の施設です。

療養病床等にいる要介護者、療養病床以外にいる認知症の要介護者が、医学的な管理のもと、介護や機能訓練などを受けられます。介護保険適用と医療保険適用とがあり、利用負担料が違います。

＊8　有料老人ホームなど

有料老人ホームやケアハウス、サービス付き高齢者住宅などに入居している要介護者が受けられる介護保険のサービスを、特定施設入居者生活介護といい、在宅サービスになります。そして、その施設が提供するサービスや外部からのサービスとして、入浴・排泄・食事等の介護、その他の日常生活上の世話、機能訓練や療養上の世話などのサービスを受けられます。

＊9　地域密着型の施設

在宅の要介護者が利用できる地域密着型のサービスは、市町村が主体のサービスです。この中に施設を利用して受けられるサービスがあります。

具体的には、小規模多機能型、認知症対応型（グループホーム）、地域密着型特定施設（有料老人ホームなど）、地域密着型介護老人福祉施設などです。

# 介護保険担当課窓口一覧

## 各都道府県

北海道保健福祉部高齢者支援局高齢者保健福祉課
〒 060-8588　札幌市中央区北 3 条西 6　　TEL.011-231-4111
青森県健康福祉部高齢福祉保険課
〒 030-8570　青森市長島 1-1-1　　TEL.017-722-1111
岩手県保健福祉部長寿社会課
〒 020-8570　盛岡市内丸 10-1　　TEL.019-651-3111
宮城県保健福祉部長寿社会政策課
〒 980-8570　仙台市青葉区本町 3-8-1　　TEL.022-211-2111
秋田県健康福祉部長寿社会課
〒 010-8570　秋田市山王 4-1-1　　TEL.018-860-1111
山形県健康福祉部健康長寿推進課
〒 990-8570　山形市松波 2-8-1　　TEL.023-630-2211
福島県保健福祉部介護保険室
〒 960-8670　福島市杉妻町 2-16　　TEL.024-521-1111
茨城県保健福祉部長寿福祉課介護保険室
〒 310-8555　水戸市笠原町 978-6　　TEL.029-301-1111
栃木県保健福祉部高齢対策課
〒 320-8501　宇都宮市塙田 1-1-20　　TEL.028-623-2323
群馬県健康福祉部介護高齢課
〒 371-8570　前橋市大手町 1-1-1　　TEL.027-223-1111
埼玉県福祉部高齢者福祉課
〒 330-9301　さいたま市浦和区高砂 3-15-1　　TEL.048-824-2111
千葉県健康福祉部保険指導課
〒 260-8667　千葉市中央区市場町 1-1　　TEL.043-223-2110
東京都福祉保健局高齢社会対策部介護保険課
〒 163-8001　新宿区西新宿 2-8-1　　TEL.03-5321-1111

神奈川県保健福祉局福祉部介護保険課
〒231-8588　横浜市中区日本大通1　　TEL.045-210-1111
新潟県福祉保健部高齢福祉保健課
〒950-8570　新潟市中央区新光町4-1　　TEL.025-285-5511
富山県厚生部高齢福祉課
〒930-8501　富山市新総曲輪1-7　　TEL.076-431-4111
石川県健康福祉部長寿社会課
〒920-8580　金沢市鞍月1-1　　TEL.076-225-1111
福井県健康福祉部長寿福祉課
〒910-8580　福井市大手3-17-1　　TEL.0776-21-1111
山梨県福祉保健部長寿社会課
〒400-8501　甲府市丸の内1-6-1　　TEL.055-237-1111
長野県健康福祉部介護支援課
〒380-8570　長野市大字南長野字幅下692-2　　TEL.026-232-0111
岐阜県健康福祉部高齢福祉課
〒500-8570　岐阜市薮田南2-1-1　　TEL.058-272-1111
静岡県健康福祉部福祉長寿局介護保険課
〒420-8601　静岡市葵区追手町9-6　　TEL.054-221-2455
愛知県健康福祉部高齢福祉課
〒460-8501　名古屋市中区三の丸3-1-2　　TEL.052-961-2111
三重県健康福祉部長寿介護課
〒514-8570　津市広明町13　　TEL.059-224-3070
滋賀県健康医療福祉部医療福祉推進課介護保険室
〒520-8577　大津市京町4-1-1　　TEL.077-528-3597
京都府健康福祉部高齢者支援課
〒602-8570　京都市上京区下立売通新町西入薮ノ内町
TEL.075-451-8111
大阪府福祉部高齢介護室介護支援課
〒540-8570　大阪市中央区大手前2　　TEL.06-6941-0351

兵庫県健康福祉部高齢社会局介護保険課
〒650-8567　神戸市中央区下山手通 5-10-1　TEL.078-341-7711
奈良県健康福祉部長寿社会課
〒630-8501　奈良市登大路町 30　TEL.0742-22-1101
和歌山県福祉保健部福祉保健政策局長寿社会課・高齢者生活支援室
〒640-8585　和歌山市小松原通 1-1　TEL.073-432-4111
鳥取県福祉保健部長寿社会課
〒680-8570　鳥取市東町 1-220　TEL.0857-26-7111
島根県健康福祉部高齢者福祉課
〒690-8501　松江市殿町 1　TEL.0852-22-5111
岡山県保健福祉部長寿社会課
〒700-8570　岡山市北区内山下 2-4-6　TEL.086-224-2111
広島県健康福祉局医療介護保険課
〒730-8511　広島市中区基町 10-52　TEL.082-228-2111
山口県健康福祉部長寿社会課
〒753-8501　山口市滝町 1-1　TEL.083-922-3111
徳島県保健福祉部長寿いきがい課
〒770-8570　徳島市万代町 1-1　TEL.088-621-2500
香川県健康福祉部長寿社会対策課
〒760-8570　高松市番町 4-1-10　TEL.087-831-1111
愛媛県保健福祉部生きがい推進局長寿介護課
〒790-8570　松山市一番町 4-4-2　TEL.089-941-2111
高知県地域福祉部高齢者福祉課
〒780-8570　高知市丸ノ内 1-2-20　TEL.088-823-1111
福岡県保健医療介護部介護保険課
〒812-8577　福岡市博多区東公園 7-7　TEL.092-651-1111
佐賀県健康福祉本部長寿社会課
〒840-8570　佐賀市城内 1-1-59　TEL.0952-24-2111
長崎県福祉保健部長寿社会課
〒850-8570　長崎市江戸町 2-13　TEL.095-824-1111

熊本県健康福祉部高齢者支援課
〒 862-8570　熊本市中央区水前寺 6-18-1　　TEL.096-383-1111
大分県福祉保健部高齢者福祉課
〒 870-8501　大分市大手町 3-1-1　　TEL.097-536-1111
宮崎県福祉保健部長寿介護課
〒 880-8501　宮崎市橘通東 2-10-1　　TEL.0985-26-7111
鹿児島県保健福祉部介護福祉課
〒 890-8577　鹿児島市鴨池新町 10-1　　TEL.099-286-2111
沖縄県子ども生活福祉部高齢者福祉介護課
〒 900-8570　那覇市泉崎 1-2-2　　TEL.098-866-2333

## 政令指定都市

札幌市保健福祉局高齢保健福祉部介護保険課
〒 060-8611　札幌市中央区北 1 条西 2　　TEL.011-211-2111
仙台市健康福祉局保険高齢部介護保険課
〒 980-8671　仙台市青葉区国分町 3-7-1　　TEL.022-261-1111
さいたま市保健福祉局福祉部介護保険課
〒 330-9588　さいたま市浦和区常盤 6-4-4　　TEL.048-829-1111
千葉市保健福祉局高齢障害部介護保険課
〒 260-8722　千葉市中央区千葉港 1-1　　TEL.043-245-5111
横浜市健康福祉局高齢健康福祉部介護保険課
〒 231-0017　横浜市中区港町 1-1　　TEL.045-671-2121
川崎市健康福祉局長寿社会部介護保険課
〒 210-8577　川崎市川崎区宮本町 1　　TEL.044-200-2111
相模原市健康福祉局保険高齢部介護保険課
〒 252-5277　相模原市中央区富士見 6-1-20　あじさい会館内
TEL042-769-8342
新潟市福祉部介護保険課
〒 951-8550　新潟市中央区学校町通 1-602-1　　TEL.025-228-1000

静岡市保健福祉局福祉部介護保険課
〒420-8602　静岡市葵区追手町5-1　　TEL.054-254-2111
浜松市健康福祉部介護保険課
〒430-8652　浜松市中区元城町103-2　　TEL.053-457-2111
名古屋市健康福祉局高齢福祉部介護保険課
〒460-8508　名古屋市中区三の丸3-1-1　　TEL.052-961-1111
京都市保健福祉局長寿社会部介護保険課
〒604-8571　京都市中京区寺町通御池上る上本能寺前町488
TEL.075-222-3111
大阪市福祉局高齢者施策部介護保険課
〒530-8201　大阪市北区中之島1-3-20　　TEL.06-6208-8181
堺市健康福祉局長寿社会部介護保険課
〒590-0078　堺市堺区南瓦町3-1　　TEL.072-233-1101
神戸市保健福祉局高齢福祉部介護保険課
〒650-8570　神戸市中央区加納町6-5-1　　TEL.078-331-8181
岡山市保健福祉局介護保険課
〒700-8544　岡山市北区大供1-1-1　　TEL.086-803-1000
広島市健康福祉局高齢福祉部介護保険課
〒730-8586　広島市中区国泰寺町1-6-34　　TEL.082-245-2111
北九州市保健福祉局地域支援部介護保険課
〒803-8501　北九州市小倉北区城内1-1　　TEL.093-582-2771
福岡市保健福祉局高齢社会部介護福祉課
〒810-8620　福岡市中央区天神1-8-1　　TEL.092-711-4111
熊本市健康福祉子ども局高齢介護福祉課
〒860-8601　熊本市中央区手取本町1-1　　TEL.096-328-2111

※電話番号・住所等は変わる場合があります。

# 社会福祉協議会一覧

全国社会福祉協議会
〒100-8980　東京都千代田区霞が関3-3-2　新霞が関ビル
TEL.03-3581-7851

## 各都道府県

| | |
|---|---|
| 北海道 | 〒060-0002　札幌市中央区北2条西7<br>北海道社会福祉総合センター内　TEL.011-241-3976 |
| 青森県 | 〒030-0822　青森市中央3-20-30<br>県民福祉プラザ内　TEL.017-723-1391 |
| 岩手県 | 〒020-0831　盛岡市三本柳8地割1-3<br>ふれあいランド岩手内　TEL.019-637-4466 |
| 宮城県 | 〒980-0011　仙台市青葉区上杉1-2-3<br>宮城県自治会館内　TEL.022-225-8476 |
| 秋田県 | 〒010-0922　秋田市旭北栄町1-5<br>秋田県社会福祉会館内　TEL.018-864-2711 |
| 山形県 | 〒990-0021　山形市小白川町2-3-31<br>山形県総合社会福祉センター内　TEL.023-622-5805 |
| 福島県 | 〒960-8141　福島市渡利字七社宮111<br>福島県総合社会福祉センター内　TEL.024-523-1251 |
| 茨城県 | 〒310-8586　水戸市千波町1918<br>茨城県総合福祉会館内　TEL.029-241-1133 |
| 栃木県 | 〒320-8508　宇都宮市若草1-10-6<br>とちぎ福祉プラザ内　TEL.028-622-0524 |
| 群馬県 | 〒371-8525　前橋市新前橋町13-12<br>群馬県社会福祉総合センター内　TEL.027-255-6033 |
| 埼玉県 | 〒330-8529　さいたま市浦和区針ケ谷4-2-65<br>彩の国すこやかプラザ内　TEL.048-822-1191 |

千葉県　〒 260-8508　千葉市中央区千葉港 4-3
千葉県社会福祉センター内　TEL.043-245-1101
東京都　〒 162-8953　新宿区神楽河岸 1-1
セントラルプラザ内　TEL.03-3268-7171
神奈川県　〒 221-0844　横浜市神奈川区沢渡 4-2
神奈川県社会福祉会館内　TEL.045-311-1422
新潟県　〒 950-8575　新潟市中央区上所 2-2-2
新潟ユニゾンプラザ内　TEL.025-281-5520
富山県　〒 930-0094　富山市安住町 5-21
富山県総合福祉会館内　TEL.076-432-2958
石川県　〒 920-8557　金沢市本多町 3-1-10
石川県社会福祉会館内　TEL.076-224-1212
福井県　〒 910-8516　福井市光陽 2-3-22
福井県社会福祉センター内　TEL.0776-24-2339
山梨県　〒 400-0005　甲府市北新 1-2-12
山梨県福祉プラザ 4F　TEL.055-254-8610
長野県　〒 380-0928　長野市若里 7-1-7
長野県社会福祉総合センター内　TEL.026-228-4244
岐阜県　〒 500-8385　岐阜市下奈良 2-2-1
岐阜県福祉・農業会館内　TEL.058-273-1111
静岡県　〒 420-8670　静岡市葵区駿府町 1-70
静岡県総合社会福祉会館内　TEL.054-254-5248
愛知県　〒 461-0011　名古屋市東区白壁 1-50
愛知県社会福祉会館内　TEL.052-212-5500
三重県　〒 514-8552　津市桜橋 2-131
三重県社会福祉会館内　TEL.059-227-5145
滋賀県　〒 525-0072　草津市笠山 7-8-138
滋賀県立長寿社会福祉センター内　TEL.077-567-3920
京都府　〒 604-0874　京都市中京区竹屋町通烏丸東入る
清水町 375 ハートピア京都内　TEL.075-252-6291

| | | |
|---|---|---|
| 大阪府 | 〒542-0065　大阪市中央区中寺1-1-54<br>大阪社会福祉指導センター内　　TEL.06-6762-9471 | |
| 兵庫県 | 〒651-0062　神戸市中央区坂口通2-1-1<br>兵庫県福祉センター内　　TEL.078-242-4633 | |
| 奈良県 | 〒634-0061　橿原市大久保町320-11<br>奈良県社会福祉総合センター内　　TEL.0744-29-0100 | |
| 和歌山県 | 〒640-8545　和歌山市手平2-1-2<br>県民交流プラザ和歌山ビッグ愛内　　TEL.073-435-5222 | |
| 鳥取県 | 〒689-0201　鳥取市伏野1729-5<br>鳥取県立福祉人材研修センター内　　TEL.0857-59-6331 | |
| 島根県 | 〒690-0011　松江市東津田町1741-3<br>いきいきプラザ島根内　　TEL.0852-32-5970 | |
| 岡山県 | 〒700-0807　岡山市北区南方2-13-1<br>きらめきプラザ内　　TEL.086-226-2822 | |
| 広島県 | 〒732-0816　広島市南区比治山本町12-2<br>広島県社会福祉会館内　　TEL.082-254-3411 | |
| 山口県 | 〒753-0072　山口市大手町9-6　　ゆ～あいプラザ<br>山口県社会福祉会館内　　TEL.083-924-2777 | |
| 徳島県 | 〒770-0943　徳島市中昭和町1-2<br>徳島県立総合福祉センター内　　TEL.088-654-4461 | |
| 香川県 | 〒760-0017　高松市番町1-10-35<br>香川県社会福祉総合センター内　　TEL.087-861-0545 | |
| 愛媛県 | 〒790-8553　松山市持田町3-8-15<br>愛媛県総合社会福祉会館内　　TEL.089-921-8344 | |
| 高知県 | 〒780-8567　高知市朝倉戊375-1<br>高知県ふくし交流プラザ内　　TEL.088-844-9007 | |
| 福岡県 | 〒816-0804　春日市原町3-1-7<br>福岡県総合福祉センター内　TEL.092-584-3377 | |
| 佐賀県 | 〒840-0021　佐賀市鬼丸町7-18<br>佐賀県社会福祉会館内　　TEL.0952-23-2145 | |

長崎県　〒852-8555　長崎市茂里町3-24
長崎県総合福祉センター内　TEL.095-846-8600
熊本県　〒860-0842　熊本市中央区南千反畑町3-7
熊本県総合福祉センター内　TEL.096-324-5454
大分県　〒870-0907　大分市大津町2-1-41
大分県総合社会福祉会館内　TEL.097-558-0300
宮崎県　〒880-8515　宮崎市原町2-22
宮崎県福祉総合センター内　TEL.0985-22-3145
鹿児島県　〒890-8517　鹿児島市鴨池新町1-7
鹿児島県社会福祉センター内　TEL.099-257-3855
沖縄県　〒903-8603　那覇市首里石嶺町4-373-1
沖縄県総合福祉センター内　TEL.098-887-2000

## 政令指定都市

札幌市　〒060-0042　札幌市中央区大通西19-1-1
札幌市社会福祉総合センター内　TEL.011-614-3345
仙台市　〒980-0022　仙台市青葉区五橋2-12-2
仙台市福祉プラザ内　TEL.022-223-2010
さいたま市　〒330-0061　さいたま市浦和区常盤9-30-22
浦和ふれあい館内　TEL.048-835-3111
千葉市　〒260-0844　千葉市中央区千葉寺町1208-2
千葉市ハーモニープラザ内　TEL.043-209-8884
横浜市　〒231-8482　横浜市中区桜木町1-1
横浜市健康福祉総合センター内　TEL.045-201-2096
川崎市　〒211-0053　川崎市中原区上小田中6-22-5
川崎市総合福祉センター内　TEL.044-739-8710
相模原市　〒252-0236　相模原市中央区富士見6-1-20
TEL.042-756-5034
新潟市　〒950-0909　新潟市中央区八千代1-3-1
新潟市総合福祉会館内　TEL.025-243-4366

静岡市　〒420-0854　静岡市葵区城内町1-1
静岡市中央福祉センター内　TEL.054-254-5213
浜松市　〒432-8035　浜松市中区成子町140-8
福祉交流センター内　TEL.053-453-0580
名古屋市　〒462-8558　名古屋市北区清水4-17-1
名古屋市総合社会福祉会館内　TEL.052-911-3192
京都市　〒600-8127　京都市下京区西木屋町通上ノ口上る
梅湊町83-1 ひと・まち交流館 京都内
TEL.075-354-8731
大阪市　〒543-0021　大阪市天王寺区東高津町12-10
大阪市立社会福祉センター内　TEL.06-6765-5601
堺市　〒590-0078　堺市堺区南瓦町2-1
堺市総合福祉会館内　TEL.072-232-5420
神戸市　〒651-0086　神戸市中央区磯上通3-1-32
こうべ市民福祉交流センター内　TEL.078-271-5314
岡山市　〒700-8546　岡山市北区鹿田町1-1-1
岡山市保健福祉会館7階　TEL.086-225-4051
広島市　〒730-0052　広島市中区千田町1-9-43
広島市社会福祉センター内　TEL.082-243-0051
北九州市　〒804-0067　北九州市戸畑区汐井町1-6
ウェルとばた内　TEL.093-882-4401
福岡市　〒810-0062　福岡市中央区荒戸3-3-39
福岡市市民福祉プラザ内　TEL.092-751-1121
熊本市　〒860-0004　熊本市中央区新町2-4-27
熊本市健康センター新町分室内　TEL.096-322-2331

※電話番号・住所等は変わる場合があります。